LOCUS

LOCUS

LOCUS

LOCUS

from

vision

from 152

再談阿共打來怎麼辦

從烏克蘭戰場看台海局勢

作者：王立、林秉宥
編輯：林盈志
內頁插畫：小瓶仔
封面設計：簡廷昇
內頁排版：江宜蔚
校對：呂佳真
出版者：大塊文化出版股份有限公司
台北市 105022 南京東路四段 25 號 11 樓
電子信箱：www.locuspublishing.com
讀者服務專線：0800-006689
電話：(02) 87123898　傳真：(02) 87123897
郵撥帳號：18955675　戶名：大塊文化出版股份有限公司
法律顧問：董安丹律師、顧慕堯律師

總經銷：大和書報圖書股份有限公司
地址：新北市新莊區五工五路 2 號
電話：(02) 89902588　傳真：(02) 22901658

初版一刷：2024 年 3 月
初版三刷：2024 年 8 月
定價：新台幣 380 元
ISBN：978-626-7388-41-9

再談阿共打來怎麼辦

從烏克蘭戰場看台海局勢

王立
林秉宥
——著

目次

第二部 在俄烏戰爭中被破解的謠言 93

第六部　如何防止戰爭　283

導論

先感謝各位讀者，對上一本書《阿共打來怎麼辦：你以為知道但實際一無所知的台海軍事常識》的熱烈支持，給予我們續寫下去的動力。

這幾年，國際大勢可說是千變萬化，首先是二〇二二年初，正當新冠疫情趨緩，世人喘一口氣之時，俄羅斯卻發起了對烏克蘭的軍事侵略，震驚全球。人們想都想不到，在二十一世紀的今天，還會發起這種規模的大戰，更讓人想不到的是，台海爆發戰爭的機率，一度還高於烏克蘭被入侵。

可謂世事變化萬千莫過於此。

我們上一本書《阿共打來怎麼辦》成書時為二〇二一年底，原本預想到會承受巨大的批評，畢竟在台灣談論兩岸軍事，失敗主義向來為主軸，略有樂觀的見解，往往被痛打成對軍事無知的小白。出書後的走向也是如此，親中派軍事圈的嘲諷尤其誇張，所幸有廣大讀者支持，堅定我們走軍普路線的信心。

俄國入侵烏克蘭成為武器與戰略的實際驗證

幸也不幸，書籍出版後隔月，俄國入侵烏克蘭，各種在台灣流傳的軍事謠言，如飛彈洗地、空降神兵、空軍轟炸……幾乎全數在實戰中被驗證為非。不是表現與謠言中落差極大，就是規模小到無法改變全局。

我們覺得這是一個好的驗證機會，將實際戰場上得到的案例，拿來對比各種台海軍事謠言的誇大不實之處。所以，本書將以俄烏戰爭為敘述對象，試著進行以實證為主的軍普。照例不會有複雜的數字，盡量以平實的敘述，讓讀者快速理解軍事概念，迅速獲得較為實際且正確的戰爭圖像。

全局觀很重要。在《阿共打來怎麼辦》中，我們提到謠言的方式，是針對謠言本身，討論它們如何提供錯誤的論點；而在本書裡，我們將從**環境背景因素**切入，想讓讀者明白，戰爭之所以是非常嚴重的事，在於決定戰爭勝負的因素太多，極難因單一武器、戰術而左右。謠言背後的**失敗主義**，用簡單的**單線敘述**，不做思考而只用恐嚇，想讓人快速進入戰爭必敗的結論。

人心是很微妙的，面對勝算不高的戰爭，防衛方還會有相當人數抱持希望，即便只有百分之一的可能。但如果是百分之百會輸，完全沒有任何僥倖，那被侵略方的人民，通常都是各自打算，早早謀求出路，不會刻意尋死。

這就是失敗主義的目的，要抹除希望，讓人絲毫不想奮鬥。然而，這也是我們著書的主要理由，提供讀者理解軍事的方向，了解「戰爭從來沒有絕對」的道理。

本書的第一部，濃縮《阿共打來怎麼辦》的主要論點，將幾款經典謠言再加以提點，並根據這兩年的謠言變種狀況加以論述，更新這些謠言現在演化成什麼樣貌，讓沒有讀過上一本書的讀者能夠快速上手。

第二部，加上烏克蘭戰場的實際案例，讓讀者可以更明確理解發生何事，為何謠言如此不堪一擊，看看這些被吹上天的各種武器戰術，實戰狀況到底如何，怎麼沒發揮出宣傳的效果。

第三部，以精簡的篇章，將烏克蘭戰場上大放異彩的無人機，各別提出討論，我們也訪問了台灣的無人機廠商，也包含了林秉宥議員在烏克蘭的實地觀察。

除了我們可以從烏克蘭戰場學到新東西，對手也會。因此，在第四部，我們將探討俄羅斯入侵烏克蘭對中國造成多大的震撼，而解放軍又從中學到什麼教訓，可能用在未來的台海戰爭上。在這部中，也會根據解放軍近年的檢討，提出他們的相對應變化，以及實際狀況上不可能改變的困境。

第五部，還是得拉高維度來討論各國的戰略格局，明白國際情勢的變化，提供一些不同於傳統媒體或網路的說法。台灣的資訊常常用自己的立場看世界，並認為其他國家也必然如此思考，這就變成親中派過度放大中國影響力，抗中派則反其道而行。然而國際關係的根本還是在地緣政治，我們會稍微提到相關國家的布局，讓讀者了解其他國家的想法，才能有整體的關照，培養出自己觀看各種國際與軍事訊息的判斷基礎。

討論完解放軍的相應作為與國際局勢，在最第六部我們將回到台灣身上。戰爭爆發後，烏克蘭也沒三天被打下，入侵者俄羅斯的經濟倒退，即便未來勝利也是慘勝。在這種教訓之下，我們如何面對戰爭，以防止戰爭爆發？在這章節裡除了解釋戰爭的本質，也將以林秉宥議員在烏克蘭的實訪經歷，讓台灣人明白戰事的真相，以及面對戰爭我們該有的準備是什麼。有面對戰爭的充分準備，讓入侵者盤算侵略的成本太高，才有可能遏止戰爭發生。

正確理解軍事才能維持和平

我們在寫作「軍事普及讀物」時，與《阿共打來怎麼辦》出版後一樣，遇到的最大困擾仍然在多數人對軍事議題的興趣不大。更麻煩的是，一般人很容易把了解武器等同懂軍事，忽略掉軍事內涵中很大一部分是管理，而輕易相信謠言所散布的某種武器可以打破僵局、一舉得勝。

這造成的困擾是，遇到台灣龐大的失敗主義時，謠言有非常多的變化方向，只要轉個彎讓你相信，某種武器有可能突破戰場，或是某種戰術組合有奇效，就能跳躍式引導思考，推導出滑坡結論，讓你以為一切完蛋了。糟糕的是，這種特例很吸睛，而要解釋特例無法變成通則，得花長篇大論，從天候地形等環境因素切入，一般聽眾沒耐心根本聽不下去。

真的就是：造謠一張嘴，闢謠跑斷腿。

要用軍普的角度快速解釋，非常容易給予失敗主義者藉口，批評為過於樂觀，甚至扣上一頂反中派的帽子。但若要進入軍事專業的討論，多數民眾又不具備相關知識，更容易變成文憑主義，看誰的學歷背景大就信誰的。

由於上一本《阿共打來怎麼辦》的回饋，讓我們相信軍普不是不被需求，軍事需要更簡化的敘述，滿足大眾讀者的期待。

我們希望各位讀者可以在閱讀完本書後，具備各種基本軍事常識，就可以有判斷力來打破謠言，並且具有長期免疫力，能面對每年演化的變種謠言，還能成為截斷謠言傳播的斷點。

也更希望讀者因此而開始關心國家軍事正常發展，唯有國人的軍事水準拉高，軍事政策的討論才能進入正軌，促使台灣軍事實力持續正常往前進展，不會被謠言阻斷了培植國家防衛實力的關鍵政策。

期待整體大眾對謠言保有免疫力，和國家防衛力量同步提升，這才是維持和平的重要關鍵。

第一部　軍事謠言破解概論

沒有比實戰更能檢驗謠言的場合了。

《阿共打來怎麼辦》出版一個多月後，俄烏戰爭於二〇二二年二月爆發，這些軍事謠言被烏克蘭戰場上的實際戰況一一戳破。

在《阿共打來怎麼辦》中我們希望以中學理化的知識，就能來破解種種軍事謠言，打掉那些超過物理限制的「傳說」。但各種破解謠言的努力需要不斷持續，面對這些一再捲土重來、總是有人相信的謠言及其變形，需要以新的時事與案例再加以拆解。這些在前一本書中已經破除的謠言，也是會變身成不同樣貌，也需要再次透過不同的方式來解析，因此在本書第一部，會「重溫」一下各種在台灣最常見的經典謠言。這些謠言為何是摧毀民心士氣的武器，就在於過度渲染中國的實力，低估台灣的守備能力，意圖從內部瓦解台灣人對於抵抗的意志。

在這些篇章裡，我們會先快速解釋常見的軍事謠言，然後用常識就能理解的方式，將之徹底破解。而上一本書的讀者回饋中，有不少人覺得語氣太過嬉鬧，數字數據不夠嚴謹，所以在這裡我們將用最直接的概念來破解，不經由解釋武器性能，讓讀者用最短的時間抓到，謠言之所以是謠言，就在於其半真半假，將各種不同情境下才能成立的故事，剪輯貼上為一篇煞有其事的論述。

此外，也不多費唇舌講解武器性能，理由除了官方數據不見得真實外，烏克蘭戰場已經演了很多給我們看。俄系武器的實戰表現與原先預估差異非常巨大，幾乎到了打對折以下的程度，就連西方武器的水準也能拿公開數據打個八折。那麼，全面複製逆向以俄國為主、西方為輔的中國武器（中國會買俄國武器，拆開研究，稱之為逆向研發），真有其宣稱的效能？

這就是透過實戰得來的常識。料敵從寬要有限度，不是因為要做好萬全準備，就可以把敵人吹捧成上天下地的神兵。

接下來，就讓我們從最常見的軍事謠言開始吧。

一、彈道飛彈洗地，全島防禦瞬間瓦解

中國彈道飛彈對台灣的威脅是確實的，然而是否有傳說中的巨大威力，答案是否定的。在台灣常見的各種謠言中，彈道飛彈無所不摧，可以精準打擊台灣所有軍事目標，甚至各種民用基礎設施，這已經是謠言的標準配備。

我們甚至可以肯定地說，只要彈道飛彈謠言被破解，台灣至少一半以上的其他軍事類謠言，都會自動瓦解。原因無他，多數軍事謠言的前提，都是透過彈道飛彈的精準打擊，摧毀台灣所有軍事防禦。這很符合邏輯。台灣的防空飛彈被摧毀、雷達站被摧毀，那國軍還有什麼可以抵禦中國龐大空軍的方法？當數千架的戰機在台灣上空來去自如，要摧毀地面上的軍事車輛也是易如反掌。等走到這一步，我們還有什麼能力阻止解放軍的渡海登陸呢？

我們這裡就不談怎麼去計算彈道飛彈的精準度了，只談現實發生的狀況以及常

識。從俄烏戰爭開打後，看看台灣出現哪類軍事謠言，關於俄羅斯能輕鬆擊敗烏克蘭，就很清楚了。

一切都是照劇本演出。這套完美劇本從「鋪天蓋地的彈道飛彈」襲來開始，所有的防空基地、雷達、軍事設施，毫無招架餘地的被摧毀殆盡。接下來強大的空軍迅速臨空，攻擊剩餘零星的防空單位，並開始攻擊陸軍裝甲車輛、砲兵等重裝備。到了此刻，已經出發的鋼鐵洪流——一台台坦克浩浩蕩蕩開進烏克蘭境內，烏軍無任何可抵擋的能力，任憑俄軍宰割。數日後，基輔等重要都市被占領，宣告投降，戰爭結束。

完美劇本都是一則則謠言鋪陳出的，在《阿共打來怎麼辦》中描述許多攻台謠言，其中順序與這套劇本完全一致。起手式必定是大量飛彈襲擊，下一步則是空軍蓋台打擊，結論則是陸軍被打得滿頭包，慘到只能拿步槍對坦克射擊，壯烈殘酷可憐至極。

由烏克蘭戰場看飛彈謠言

說到底，這就是鼓吹投降。既然中國軍力如此強大，台灣抵抗個鬼？俄羅斯入侵烏克蘭前，類似的謠言也是在中文圈中如此傳遞。開戰後兩天更不用說，故事說得活靈活現，俄軍好似逛大街般輕鬆拿下烏克蘭。

然而事實會是如此嗎？我們在上一本書中略加描述破解謠言的方式，主要有精準度（CEP）以及飛彈破壞力兩個概念。中國的飛彈幾乎沒有多少試射資料，也沒實戰經驗，網路上提供的所謂精準度卻每年往上疊加到已經比肩美國，連俄國都沒吹成這樣。而破壞力更是少有人提。一枚彈道飛彈攜帶的炸藥量，充其量就是把大樓炸出一個大洞，所謂數百發飛彈就能夷平台灣所有軍事設施，根本是幻想。

這套劇本在俄國入侵時又被拿來講一次，而結果呢？經由實戰表現出的，絕對比較貼近真實，讓我們來看一下號稱軍事武器強於中國的俄國，表現如何？就是很糟糕啊，與事前宣傳的差異極大。

不過，說到這，第一次接觸怎樣破解軍事謠言的讀者，可能開始感到困惑了。上述的說法即使言之成理，卻要怎樣簡短地解釋給親友聽，讓他們知道飛彈的破壞力或精準度，對台灣並不會有多大的破壞呢？

我們就從飛彈數量去談就好，所謂的「鋪天蓋地精準打擊」，中國根本就做不到。原因很簡單：台灣的高價值軍事目標，固定式雷達站、防空飛彈、機場、直升機駐地，再加上重要的政府機關單位，若還要打擊民心士氣，攻擊發電廠、變電所……

將解放軍手上的飛彈用光，都還不夠。

是的，不夠用，就是這麼單純。

飛彈不夠用

依照二〇二二年十月二十四日美國空軍大學（Air University）的中國航天研究院（China Aerospace Studies Institute）所發表的報告，披露中國人民解放軍火箭軍的詳細部署，當中詳細記錄中國人民解放軍導彈部隊（其稱為解放軍火箭軍）的編制現狀，我們可以大致估算，中國擁有的「彈道飛彈」數量，不論射程長短，約三千枚。

長程彈道飛彈的假想目標，會設定為美俄等大國，以攜帶核子彈頭為基礎，屬於戰略核子威懾的一部分，通常不會拿這種大型長程飛彈打台灣。若我們將中程飛彈裡射程可以打到關島的除外，其他都算進能打台灣的部分，我們將會直接面臨到的飛彈威脅，大致上是在兩千到兩千五百枚之間。

聽來很多？不，這些飛彈不是一次性投放。因為飛彈部隊有編制，由於彈道飛彈體積很大，一台飛彈發射車通常就是搭載一枚，而一個導彈旅的編制，下轄六個營，每營有兩個導彈連，一個連有三個排，每排一台發射車，雖說編制不見得每個都一樣，但這個評估大致上是在合理範圍內，也就是單純數學乘法，一個導彈旅的發射車數量為：

$$6 \times 2 \times 3 \times 1 = 36$$

一個對付台灣的導彈旅，一次能發射的飛彈上限就是三十六枚，而中國每個導彈部隊裝配的型號不同，各有其負責的任務，放寬標準來看，適合拿來打台灣的旅，可以估計在五到十二個之間。用一個旅三十六枚的量去算，台灣一次會面對的飛彈極大值在一百八十到四百三十二枚之間。

有人會說，中國還有非常多的長程巡弋飛彈，也得要算進去。這很合理，我們就直接給個數量，目前解放軍擁有兩個巡航導彈旅，一個旅一次可以發射一百枚，兩個旅就是兩百枚。將之加總到彈道飛彈的數量，我們可以最終得出三百八十到六百三十二枚的範圍。

發射車不會只有一枚飛彈，通常還會有兩枚備彈，換備彈的速度最少要抓三十分鐘。實際上下一輪的飛彈攻勢，可能長到數個小時之久，這是因為飛彈很貴，總得要確認第一波飛彈的戰果，哪些目標摧毀了，哪些還需要打第二波。但無論如何，各位也會發現，三波攻勢下來，中國的中短程飛彈庫存，大概就用掉一半以上。

然而這效果很好嗎？俄羅斯一年內向烏克蘭發射了約五千枚各式飛彈，讀者自己應該可以做評判了。

命中率與破壞威力

當然讀者會說，一波四百枚飛彈也挺恐怖的，不就代表有四百個目標會被打擊到嗎？這就是常見的話術，自動把飛彈命中率當成百分之百，而且認為一個目標只要一枚飛彈。

實際上要看狀況。如果解放軍的目標，是油槽、雷達站，那的確只要打到就好。若是政府機關，要癱瘓其功能，甚至到摧毀整座建築，需要的飛彈數量少則十數枚，多則數十枚。即使是彈道飛彈這種大型飛彈，其破壞威力要一次炸毀一棟水泥建物，仍是不可能的。

再說，目標體積小，就比較難命中，解放軍若要摧毀在跑道上的戰機，就更不可能一發一個。我們就先不談台灣在偵測到解放軍飛彈升空後，空軍會立刻把可以起飛的戰機都飛上天，所以實際上能打到的停放量不多。就假設有十架停在停機坪，把十架都打中需要的飛彈數量可能會到一百枚。

就理論計算，中國的彈道飛彈精準度，要打中戰鬥機大小的物體，以機率算下去，至少要三到四發才能保證命中，這還是以官方數據為主。若參考俄羅斯攻擊烏克蘭機場的戰例，打機場十枚，擊中跑道等軍事目標的才兩枚。沒有道理我們都看到烏克蘭的實際情況，命中率幾乎不到三成，卻認為系出同門的中國彈道飛彈，可以達到百分之百。

更何況，台灣還有愛國者三型、天弓三型等能夠攔截彈道飛彈的反飛彈系統，依照目前公開數量已達四百枚以上。這些反飛彈系統，部署在重要軍事設施、政府機關周邊，用標準的兩枚攔截一枚的算法，第一波打擊台灣高價值目標的那四百枚飛彈，恐怕就有一半會被攔截掉。再加上俄羅斯展現過的命中率，真正具有措手不及突襲效果的，應該低於一百枚。

而這數量依照打擊目標不同，會有不一樣的效果，我們很難給予確切的評論。唯一可確定的是，想靠這點數量，摧毀台灣從北到南每一座現有的軍事機場、潛在可軍用的民用機場、需摧毀的中大型油槽、任何可以起降戰機的戰備跑道，是完全不可能。這還只是空軍目標，即便數小時後，解放軍陸續發起第二波、第三波以後的飛彈攻勢，在帳面上那兩千五百枚飛彈用完前，也不可能把國軍陸海空的高價軍用目標都打爆。

這更不要說若是為了奪取制空權，所以用彈道飛彈打擊跑道，以現有的快乾水泥要修復到足以讓戰機起降，不用一個小時。就現實層面而言，想透過彈道飛彈讓台灣戰機無法起降，難度極高。

或許有人說，第一波讓台灣戰機無法起降，不就可以派遣大批戰機飛抵台灣上空，開始對地攻擊？

這就是彈道飛彈謠言，為何要堅持「洗地成功」的理由。所謂的洗地，就是一種誇飾法，表達台灣所有軍事防衛都被打掉，宛如被水洗過一樣乾淨。彈道飛彈洗地謠言，必定將第一波飛彈設定成打擊台灣防空飛彈、雷達站，因為這樣就能解釋，為何解放軍空軍可以輕鬆無傷抵達台灣上空。

我們一樣給各位讀者一些概念，台灣有超過二十組的防空飛彈部隊，每組擁有多台防空飛彈車輛，可公開的數據中就有兩百台以上的發射車。如果讀者您是解放軍的將軍，會不會在這上百台防空飛彈車還存在時，下令戰機飛抵台灣周邊進行任務？

到此為止，大家應該可以明白了，彈道飛彈洗不了地的理由，單純只是數量不夠，要打擊的目標太多。且根據目標大小，命中率也會不同，所需飛彈數量會增加。而關鍵在於，解放軍一次可以發射的飛彈數量有極限，不管怎麼去計算，都不可能一次超過一千枚。

要壓制台灣空軍，勢必要針對機場、跑道、雷達最優先攻擊。若是摧毀防空部隊，則需要帳面上數倍的飛彈，對各個固定發射陣地打擊，畢竟防空飛彈部隊有部分具有反飛彈能力。當我們用數量看，會覺得似乎足夠，但這是一發一個的前提，倘若不是一發一個，而是兩發、三發、四發一個呢？

如果讀者面對其他人，正在宣揚彈道飛彈洗地的威力，請您耐心聽完，然後詢問他：

解放軍有幾枚飛彈可以用？

一次最多可以發射幾枚？

飛彈命中率如何？

需要打擊台灣的目標有多少個？

這些目標長怎樣，機場跑道、停放飛機、雷達基地，還是橋梁、電廠等民生設施？

您會發現，大部分的人都講不出來，只會跟你說一發一個，理由是中國武器就是強。

那麼，再輕聲細語地問：比之俄羅斯在烏克蘭的表現如何？

二、萬艘民船渡航，國軍守備左支右絀

這則經典謠言，出自於人海戰術的改編。謠言的邏輯很簡單，中國有很多船，每艘船可以載很多人，那不就可以一次運送很多士兵，打個對折也可以淹死台灣啊。

「……千百艘民用船隻、漁船，載滿數以萬計的士兵，朝向台灣每個海灘遍地開花，用人數優勢壓垮台灣守備……」

呃，其實這些年已經很少人這樣提了，從美國國際政治學者易思安的《中共攻台大解密》等著作提到紅色海灘（指適合共軍登陸的海灘）後，漸漸沒人說萬船齊發。畢竟中小型漁船、舢舨是要怎樣渡海？在《阿共打來怎麼辦》裡我們有解釋，漁船屬於尖底，並不適合海灘登陸，一般稱之為擱淺。擱淺的漁船反倒會阻塞後方船隻，讓登陸

徹底失敗。

況且，登陸作戰的士兵，穿著軍服攜帶槍枝，跳入海水中渾身濕透，很難邊游泳邊作戰。一般來說，跳水的深度若達兩公尺，這批部隊一大半都會淹死。再稍微計算一下坡度，所謂的漁船登陸就是不可行，要嘛士兵淹死在海裡，不然就是漁船全數擱淺在岸上。

這也算是資訊流通的好處。《阿共打來怎麼辦》出版前，不少人會相信這一套，然而書出版後我們收到一些讀者回饋，大致發現這謠言怎樣被阻斷。因為台灣靠海維生的人不少，漁民不會相信漁船能當登陸艇，有海陸經驗的弟兄提供不少國軍自己演習的結果。雖然這些相關經驗數量不多，作為斷點也足夠。

換言之，漁船、舢舨的萬船齊發說法之所以迅速退燒，純粹就是從軍事知識匱乏的同溫層中擴散出去，被曉得狀況的人直接戳破罷了。

變種的滾裝船謠言

那麼，為何我們還要再闢謠一次？因為變種了。使用非軍事船隻進行登陸的謠言，目前有幾個變化。其一是使用改裝的滾裝貨輪，其二是大批漁船不登陸，改為在海峽中線釋放大量橡皮艇，其三則是透過第五縱隊、特種部隊直接奪取港口後，再快速送上大量軍隊。

除此以外還有一些變種，我們可以從中看出謠言「先射箭再畫靶」的特性，先假定解放軍必定可以登陸成功，再去找方法圓故事。圓的方法，基本上是擴大解釋，像是滾裝貨輪就很典型。

所謂的滾裝貨輪，指的是船隻貨艙直接放下平台，可以快速讓貨車出入的船隻，常見於大宗汽車運輸上。這不是什麼先進技術，第一次波灣戰爭時，美國就徵集滾裝船用於軍事運輸上。問題是，為何在台灣突然出現可用滾裝船進行跨海登陸戰的謠言。

將滾裝船用於登陸作戰是很奇怪的，因為滾裝船不是平底登陸艇，靠近岸邊照樣擱淺，除非大規模改裝，不然無法從民用貨船直接變為登陸艇。滾裝船一樣需要港口，只是卸貨條件相對沒那麼嚴厲，而且有快速裝卸的優點。

相關謠言應該來自中國，二〇一八年以前，解放軍開始設想使用滾裝輪快速運送部隊，據傳一次最大可以送兩個機械化營。不過這是中國常見的演習，畢竟常規軍事運輸能力不佳，總得找一些替代方案，既然美國都用過，中國當然也可以。

然後中國的農場文，不意外又擔任誇大不實的廣告，從解放軍有設想用滾裝船運輸軍隊，變成考慮將之當作渡海攻擊利器，到了台灣就變成中國將會用滾裝船大批運送軍隊。一艘船一次就兩個營，中國有幾十艘滾裝船，乘一下不就是好幾萬的部隊？

台灣有沒有研究過這種方案？有，軍方當然會設想，也因此許多台灣本土產製的謠言就是這樣而來的。因為軍方有論文，寫報告當然基於料敵從寬出發，並且以最壞的打算去設想反制法。結果這種反制設想到了台灣的謠言傳播者手上，就變成一種確定無誤、保證有效的運兵法。

滾裝船的謠言要破解其實不難，因為本來就不是拿來搶灘用。不少謠言是移花接木，將滾裝船可以一次輸送上千兵力的特點，與大幅改裝後可以在海灘使用併在一起。而且謠言不會告訴你，可以改成登陸艇的是小型船，不是一次可以送成千上萬人的大型滾裝輪。

而且，將滾裝船加上裝甲，提升保護力就是降低機動力，在台灣還有足夠的反艦武器前，這種慢速運輸艦就是活靶，對於需要分散風險的登陸作戰而言，反倒是巨大的缺點。

讀者可以詢問提出滾裝船登陸的人，登陸地點是不是在海灘？屬於大型還是小型船？船速多少？通常問完後，你大概就能確認，他是否只是照本宣科，根本沒思考過謠言的可行性。這類人的特點，都會放大一〇％的可行性到一〇〇％，強迫你唸「料敵從寬」的咒語。

變種的橡皮艇謠言

第二種謠言，認為中國會用大批漁船，於海峽中線釋放橡皮艇，向台灣每一處海灘進發，畢竟橡皮艇的優勢就是很小的沙灘都能上。

「……上千艘的漁船，在海峽中釋放數千台小橡皮艇，每艇數人，可在台灣任何地形登陸，數千精銳就這樣遍地開花，國軍沒有那麼多的人力固守……」

嗯，這說法從二〇二一年五月後逐漸擴散，號稱投奔自由的中國人使用橡皮艇渡海到台中。台灣軍事研究者認為可能性不高，有人懷疑是在海峽中線以東，由漁船釋放橡皮艇，測試台灣海防用。

不意外，軍方有人討論，研究者也有一些說法，這些說法就越傳越誇張，跟萬船齊發一樣，屬於穿鑿附會型的謠言。但要說徹底的謠言也不確實，因為中國要這樣做，的確沒有不可以。

只是損失會極為慘重。

台灣海峽海象不佳，沿岸海流強勁，橡皮艇要橫渡數十公里海面不翻覆，駕駛者要有些技巧。更何況是作戰，這種小型橡皮艇起碼也要載四個人，攜帶必要的彈藥，再多就超重了。也就是海象稍微糟糕點，就可能翻覆，就算翻過來後，士兵非常熟練地又把橡皮艇翻回去，上面的彈藥怎麼辦？

三、五千艘橡皮艇攻向台灣看來很壯觀，但也就幾千人，還打散在各個海灘，要對付這種散兵游勇，每個地方派一個班等著，拿機槍掃射就夠了。極端點來說，根本不需要軍隊，要求各地警察持長槍到海灘協助防守，看到橡皮艇就打即可。

因為橡皮艇還在海上時，士兵沒有戰鬥力。

就假設這是正規作戰，成功機率也非常低，理由還是出在彈藥。標準戰術應該是橡皮艇散開登陸，也不見得要在沙灘，漁港礁岩等地都可以。登陸後部隊要有集結點，至少要數十人才能組成一支有戰力的軍隊，問題就出在彈藥怎麼攜帶到集結點？

大家可以想樣，彈藥有重量，橡皮艇可以搭載幾個人？一艘載滿彈藥，只有兩名士兵，成功登陸後，他要怎麼把這堆彈藥搬走？如果另一艘載滿人，那子彈又可以帶幾發？這注定散開登陸有極限，必定是某個連散開在幾公里的海岸上，設立登陸後的集結點，不會真的隨便打。

其實跟正規登陸方式相比，這沒比較好，因為士兵的戰力會更稀釋，別說是軍隊，警察都可以上場。極端點說，民眾發現三五個解放軍士兵剛剛登陸上岸，找幾個人開貨車追撞下去都行。

玩笑話不提，要執行這種戰術，想必在台灣海峽上有數百、破千艘漁船，規模大成這樣，國軍會怎麼想？沒有護衛艦在旁邊，那空軍過去掃幾輪就結束了，太接近海灘，用雷霆兩千多管火箭轟幾次也差不多。

換筆者是解放軍參謀，還不如等戰爭打到進行搶灘登陸，為了支援岸上正在激戰的解放軍士兵，把橡皮艇當作一次性登陸船，盡快送上更多兵力，還更合理些。用作為一種單獨執行的大規模戰術，可能性太低了。

第五縱隊奪港謠言

第三種謠言就是透過潛伏在台灣內部的第五縱隊奪港，等著解放軍運輸艦大搖大擺開進港口，一次放下數千士兵。唉，讀者有沒有發現，這種萬船齊發的變種謠言，本質都在強調解放軍有一次性送上萬千大軍的辦法。因為沒有大軍登陸，怎麼打贏台灣？那麼這則變種謠言大概怎麼傳的？

「……潛伏台灣的第五縱隊，集結在台中港外，猝不及防地偷襲，攻下沒有防備的港口，隨之解放軍就能將運輸艦，一營一營地將軍隊送上台灣……」

呃，國軍是在混飯吃嗎？這種說法都有共通點，從來不談作戰發起時間。運輸艦要從中國開來台灣，幾個小時跑不掉，所以我們想像一下，假設現在第五縱隊真的攻下一個港口，運輸艦在哪？如果還在中國，那這幾個小時的時間，足夠國軍把坦克開進港口逆襲了。倘若，解放軍把運輸艦開到港口外面，奪港的瞬間就能把軍隊送進港口……這太蠢了，實在不知道怎麼回。

也就是時間差，是突襲登陸作戰上很大的困難。在和平時期，奪港沒有用處，即便像國軍設想過的狀況，利用滾裝船摸進台中港，一次放下整支旅，構想仍是奪港固守，等對岸的援軍趕快開過來，起碼要幾個小時。假設現在已經是接近戰爭，甚至都開戰了，港口必然有守備隊，第五縱隊有無這實力先不談，台灣軍事警戒中，會允許成千上百人莫名其妙的集結在港口外？

這類萬船齊發的變種，許多都是台灣人自己想像出來的，有人基於惡意，也有人基於善意提醒。但不管意圖為何，都習慣只看單一條件，過度延伸劇情，且最後都為了要讓故事合理化，台灣方面的軍警都要降低智商。

要怎樣破解這類謠言？關鍵就在時間。請詢問對方，這種作戰發起的時間會在什麼時候？通常你只要追問下去，對方很高機率會解釋不了，若再加上作戰規模多大，動用幾艘船，就差不多了。

三、綿密封鎖台灣，社會經濟逐漸崩潰

「封鎖台灣」真是萬年不變的經典謠言之一。之所以說是經典，是因為封鎖混淆了「戰略」、「戰術」、「武器」等不同面向的概念，屬於亂拼湊成煞有其事的故事。封鎖謠言的內容很多樣化，但都圍繞在台灣是海島，進出口需要航運，而中國可以封死台灣，故得證台灣完蛋。

「……中國可以封鎖台灣的進出口，讓〇〇進不了台灣，居時台灣就沒有了XX可以用……」

〇〇跟XX可以自行代入，糧食、能源、原物料，什麼都可以，然後在烏克蘭戰爭開打後，又多了美國很難援助武器的說法。不管怎樣，萬變不離其宗，就是因為台

灣仰賴貿易，所以封鎖貿易，台灣就完蛋。

這說法有錯嗎？

邏輯上正確，實際上行不通。

光看烏克蘭就曉得，台灣的出口貿易額是烏克蘭的九倍，且烏克蘭的出口偏向第一級產物（即農林漁牧等產業），台灣則有大量的加工產品，以及現在被各國重視的電子產品。純粹以國際角度而言，台灣被封鎖到無法進出口，絕對會引發各國介入。

我們也曉得，謠言對這種說法是嗤之以鼻的，因為謠言本身就是拼裝車，對於抵抗國際壓力的說法，早就內建在其中。這些說法不外乎是台灣沒有很重要，中國太強沒人敢說什麼，全部都是憑感覺，而我們是無法說服只憑感覺的人。

讓我們一一解釋：所謂的封鎖，必須要從手段去看，總得先要有什麼可用的工具，才能進行怎樣的封鎖吧！就算有手段，也不代表能用，所謂天時地利人和，解放軍要封鎖台灣，請仔細問清楚：

「何時」、「何地」、「規模大小」、「持續時間」。

應該一百個人中會有九十個倒掉。

我們要先自問，封鎖台灣是不是屬於戰略層級的行動？我們希望每一位讀者，往後遇到任何軍事類的故事，最好都先思考一下，這故事屬於會影響國際的戰略行動，還是戰爭中的戰場任務。

封鎖絕對是戰略行動，沒有「和平時期封鎖」這回事，通常這叫作經濟制裁，我們禁止出口某項產品到某國。在台灣還真有人覺得，解放軍可以明天就開軍艦到高雄港外海進行封鎖。事情沒有這麼簡單。

封鎖會怎麼進行？

你開軍艦到高雄港外，台灣能不能開軍艦出去對峙？你說貨輪不能進港就不能，憑什麼？解放軍威脅開火，國軍不能也威脅回去嗎？相互威脅到最後，解放軍如果不是摸摸鼻子回去，就得要開打欸。認為這招可行的人，都沒想過解放軍軍艦在我們港口外，打沉的方法要多少有多少嗎？這種叫囂行動，在台灣不買單的前提下，就會逐漸升高對抗的層次，遲早打起來。

那若平時跑到南海封鎖，遠離台灣飛彈射程，而且只針對台灣民用船隻封鎖，如上段所說，我們只要開軍艦出去護衛，遲早升級到開戰；已經開打的情況下，解放軍只能跑到台灣攻擊範圍外，以目前來說就是南海。但封鎖行動要持續多久，針對哪些對象，需要派遣多大規模的艦隊，怎樣的行動都得精算。美國國會於二〇二三年年中進行兵推，就發現若台海開戰將會讓全球經濟接近崩潰。那就算不開打，只武力威嚇封鎖，難道就會從接近崩潰改成欣欣向榮？

各位別忘了，每天通過台海周邊的船隻數以千計，要一艘不漏地封鎖，不採取直接擊沉的手段，解放軍的海軍能量完全不夠用。若要用攻擊手段，凡是開往台灣的船隻都擊沉，還得考慮船隻偽裝開往日韓的可能。稍一不慎打到其他國家，都會引發風暴。

更何況，經過台海的商船，有很大一部分還是中國的，只要台灣仍有反擊能力，為何在中國破壞台灣港口、擊沉商船油輪時，不能報復回去？俄國在黑海始終都沒有針對貨輪攻擊，烏克蘭也沒有，這並非雙方欠缺攻擊手段，只是單純的不願意，要承擔的後果太大了。

再說，中國難道想要在攻打台灣的時候，擊沉幾艘通過的他國船隻，給予其他國家介入的藉口嗎？

封鎖從來就是政治問題，軍事手段可以很多種，每一種的政治後果都要承擔。諸言散播者從不談後果，只說大家都會摸摸鼻子吞下去，卻不看看俄國連封個小麥出口不到一個月，壓力就大到主動解封。

而這些在俄烏開戰後半年發生的情況，顯然沒有阻止台灣封鎖論者的改編。由於裴洛西訪台引發中國對台發起「圍島演習」，部分商船提早改道，讓謠言產製者如獲至寶，誕生了近年最為有趣的「演習封鎖論」，意思是把演習區畫到台灣港口外，就可以實際形成封鎖了啊。[1]

為何說有趣？演習是要提前宣告的，你不能在某國油輪還在台灣海峽中間，就宣布在海峽演習，飛彈將會落到油輪周邊。商船會改道，本就是基於安全，誰知道你飛彈會不會歪，誤擊的損失遠大於繞路的油耗。而且畫定演習區也不是高興畫哪就畫哪，中國之後也曾宣布演習畫出禁航區，直接切到台灣管轄空域，被強烈抗議後，演習時間迅速縮短到幾分鐘，有夠難看。[2]

1 該次演習範圍可參考報導：https://news.ltn.com.tw/news/politics/breakingnews/4012588 ❶

2 相關新聞可參考：https://www.mirrormedia.mg/story/20230414edi004/ ❷

❶ ❷

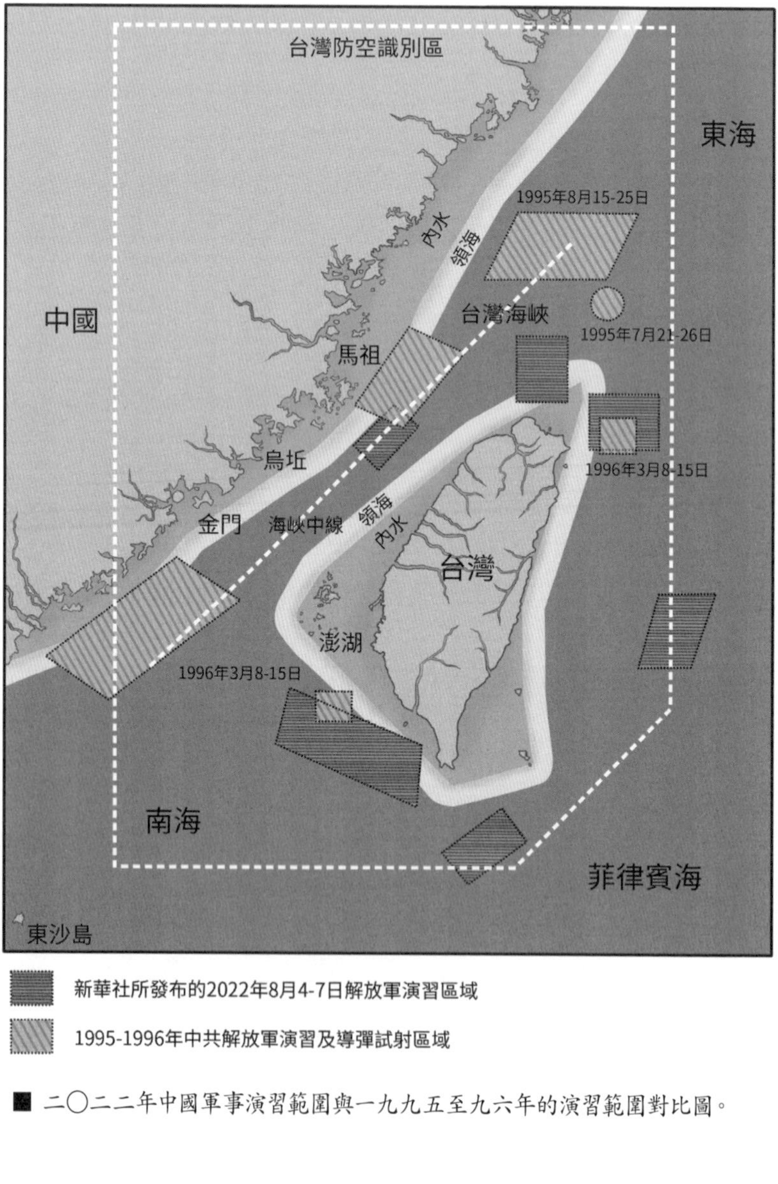

■ 二〇二二年中國軍事演習範圍與一九九五至九六年的演習範圍對比圖。

演習封鎖無用

為何演習封鎖一點用都沒有？因為演習就是要使用實彈去演練，而槍砲無眼，希望無關人士於這段時間內不要接近，故提前向國際宣布，提早與周邊國家溝通，這是國際慣例。如果中國宣布演習區在高雄港外半年，那會發生何事？

首先，所有要進港的國家都會抗議，你畢竟是演習不是戰爭，演到大家都不能做生意是怎樣。既然是演習，那中國就得接受他國的抗議，並做出調整，倘若不理不睬，那擺明就是藉口演習的戰爭，國軍沒理由不反制。所謂的台灣不能開第一槍，被渲染過度到要發射實彈才算，我們都沒有公開討論，民眾也不去思考。這種演習區畫到家門口一年半載的行為，算不算有敵意，構不構成開第一槍條件？

而且演習就表示你真的會實彈射擊，所以宣布演習半年，這當中是每天不間斷地丟飛彈、軍艦試射、飛機轟炸，還是單純講講什麼都不做？大家讀到這邊應該發覺問題了，若解放軍照三餐狂轟濫炸，那我們應該感到高興。俄國昂貴的各式先進武器，打沒幾個月就消耗殆盡，中國若要比照過去演習的效率，那一年後所有彈道飛彈都打光了。以台灣角度來看，犧牲高雄港的出口換來中國軍力的尖牙拔光，滿划算的。

若中國什麼都不做，那誰管你演習。該開的船還是照開，川流不息的商船進出高雄港，不過讓中國國威大損，顏面全失。然後我們就會遇到謠言產製者說，「那是因為要藉由演習名義進行實質封鎖，等台灣的船隻出現在演習海域，就可以丟飛彈擊沉。反正是演習啊，你活該進去被打。」

國際關係沒有那麼死板，假借演習的名義進行實質封鎖，那這就是封鎖，沒人會當你是演習。既然都是封鎖，那就形同戰爭，台灣也可以反擊，直接把通過的中國貨輪打下去，禮尚往來。

說那麼多，只是要表達一個概念：軍事是很嚴重的手段，所以各國在看待軍事行動時都很嚴肅，並不是我們說什麼，人家就要信什麼。倘若台灣試射雲峰飛彈，演習區畫在上海港外，時間公布為一年，反過來想各位就能發現，這種演習封鎖論有多不現實。

再說，演習區的畫分也是重點，中國對台演習會把區域切到領海內，但會不會畫到港口裡？不會啊，哪有演習在人家領土領海領空的，這就是侵略。我們能想像俄國去年宣稱「大型軍事演習，只是剛好會經過基輔，進去喝杯茶就走」？

封鎖之所以是謠言，就是簡化一切國際政治的可能性，並強迫民眾接受「極端料敵從寬」的結論：「大家都怕中國，一定躲遠遠。」

所以中國說是演習，那麼就是演習，就算是戰爭行為，也還是演習。這簡直就是聖經創世紀「神說有光，就有了光」，無神論者把共產黨當神看了，豈不謬哉。

台灣也可比照辦理封鎖對方

我們最後講點更現實的，台海戰爭開打初期，雙方都保有上千發反艦飛彈，各位讀者把自己放到船公司的立場去看，應該不用威脅，此時也不敢來台灣吧？同理，你敢去中國嗎？中國說開向台灣港口的船都擊沉，台灣難道不能說我們也比照辦理？

台灣的位置卡住了南海往中國中北部的航道，也就是中國將近有六成以上的進出口，就被我們掐斷了。戰爭若處在台灣還有海軍，空軍攜帶油箱還能把飛彈射程涵蓋香港的狀況下，這數字就超過八成了。不是我們在誇大台灣的威脅，請設身處地，你若是船公司，知道台灣中國兩邊都在放話，要擊沉每一艘進出口油貨輪，地圖打開一看，把雙方的武器射程畫個圈，禁航區直接就出現了。

要破解封鎖謠言，各位讀者只要問問對方，台灣能不能反封鎖，看他的態度就曉得了。或者詢問，戰爭狀態下，船隻敢不敢開進中國沿岸，你心裡大概就有底。無限制封鎖下去，誰會先撐不住，還很難說。

四、航空母艦夾擊，中央山脈屏障消失

航空母艦夾擊的謠言起源自中國第一艘航空母艦遼寧號服役，台灣就開始討論航空母艦的威脅。毫不意外地從單純軍事討論，到了一般人手上的故事，就是一篇篇國軍將被解放軍前後夾擊到死的故事。

有關航空母艦的謠言，目前主要有三種。

第一種，強調台灣東岸佳山基地的優勢消失，因為「……中央山脈擋住了解放軍視線，空軍可以安全地在山脈東部進行整備，今天航空母艦可以在東部海域發起攻擊，此優勢就消失了……」屬於戰爭中段的謠言，原本來自於國軍的內部評估，也不知怎麼的到了政論名嘴手上，就是國軍慘敗的結果。

第二種，擴大成解放軍掌握了西太平洋戰略優勢，可以深入打擊美日基地。先不提這種推論有沒有道理，謠言的說法比較偏向政治性——「……由於中國航母在西太平洋

自由行動，威脅到美日在後方的基地，搭配彈道飛彈的威脅，將使得美軍不敢輕舉妄動……」這算一種另類解讀美軍很弱的說法。本來應該是國際關係討論的一種劇本，到了媒體手上就成了美國會害怕的鐵證。

第三種比較少見，有點腦洞大開了，大意是「……獲得防空能力的解放軍，將從宜蘭發起登陸，東西夾擊台北……」這應該是一般人腦補出來的劇本，在親中的軍事圈裡也幾乎沒聽過。

不管這三種，還是有更多種的說法，都不迴避兩個基本事實，讀者不需要爭辯艦隊戰力多強，更不要陷入中國航母有沒有比美國的好（當然沒有，差非常遠），謠言散播者最喜歡大家陪著討論技術細節，當你開始討論中國航母出現在宜蘭外海，或是在花蓮外海威脅台灣，就等於先承認了謠言的假設前提：

「解放軍航母已經無聲無息、完全無傷害地通過第一島鏈。」

要看航空母艦在何時以什麼樣的狀態穿越第一島鏈

然而各位讀者，稍微想想就能直接踹破謠言的預設條件。在此再次強調，讀者若心存懷疑，那每則謠言都要去問，發生的時間點是在「和平時」、「開戰前」、「戰爭中」哪一個。絕大多數的軍事謠言，都習慣不談發生時間，只談狀況，才能亂套用，弄到我們頭昏眼花。

假設現在是和平時期，解放軍攜帶少量艦艇，無害通過日本的宮古海峽，或台灣南邊的巴士海峽，沒人會阻擋。但依照演習標準，一艘航母與少量艦載機，加上三、四艘護衛艦，這種艦隊戰力根本不足以威脅台灣，說難聽點就是活靶，等著讓我們空軍弟兄領戰功用的。

那和平時期，但解放軍編組了完整航母艦隊，戰機滿載，彈藥也裝好裝滿，油彈補給艦一次出動三艘，浩浩蕩蕩出發說這純粹是演習，有誰會信？就算放艦隊穿過去海峽，相關國家都會出動軍艦監視，完全不會有突襲效果。更不要說，無論哪種和平狀態，就算加上油彈補給艦，中國的艦隊都無法在海上進行任務超過半年。

中國具備半年內，從毫無準備，到備好足以發動對台侵略戰爭的資源嗎？完全沒有。那麼這支艦隊還要不要返航，還是就掛在海上等到沒油沒食物？

倘若在開戰前，顯然是國際情勢十分緊張，中國也進行戰爭準備，海空軍在沿海摩拳擦掌，大批登陸部隊也會抵達港口周邊進行準備。所以，讀者認為此時，解放軍會宣稱一支全戰備的航空母艦艦隊，將無害通過台灣南北水道，到西太平洋進行演習？

我們台灣人會信？都到了開戰前的狀態，國軍宣布封鎖水道，解放軍軍艦不得通過，不然視作戰爭行動，也是很合理的。說實話，有俄羅斯侵略烏克蘭的案例在前，到那時候台灣要封鎖周邊海域的軍艦行動，除了中國以外沒人會怪台灣大驚小怪。

那已經處在戰爭階段呢？我們當然打下去啊，還乖乖讓你通過哩？這就變成解放軍航母艦隊強行突破台灣南北水域，必定邊走邊打，一路折損戰力才能進入太平洋，我們可以假定傷害不高，但當成無傷通過就料敵從寬得過火。

艦隊的補給問題首當其衝

中國的航空母艦如果要駛到台灣東岸，勢必要組成艦隊，至少要能抗擊台灣空軍跟飛彈的截擊，規模就不可能小。一支兼具防空與反潛能力的大艦隊要通過台灣周邊海域，絕對無法做到隱匿。整套航母東部威脅謠言的立論基礎，在時機上就相當小。畢竟都知道中國要開航母到台灣東部，且集結了具備完整抵抗台灣大規模攻擊的艦隊群，全世界都會曉得中國玩真的。

那麼，有人說解放軍可以把航母整支編隊，在和平時期無害通過，跑到太平洋上等一百天再開打，問題不就結了？如果中國現有的兩艘航空母艦都是核子動力，且太平洋上有島國會幫忙補給飲水糧食，那這說法倒不能說沒道理。現實是遼寧號與山東號都需要加油，航行時間受限於隨伴補給艦的供應。這方法要成功，等於說要先取得太平洋上的軍事基地，至少能讓解放軍整支艦隊停駐於此，不消耗燃油下等到要開戰。

畢竟，核子動力航母的護衛艦也是吃油的，艦隊的航行時間就會受到補給能量限制。這也是為什麼俄羅斯黑海艦隊後來將基地後撤，避免在烏克蘭飛彈攻擊範圍內活動，導致距離拉遠後，活躍程度下降，其理自明。

那麼，台灣東部航母威脅論的基礎，前面就得要先加上突破台灣封鎖線，不然就得要先解決如何停駐在太平洋上的問題。而突破封鎖作戰，又回到前面飛彈謠言上，如果彈道飛彈攻擊機動車輛的效果極差，那中國艦隊如何精算時間後，能平安無損的通過台灣周邊海域？若是平常時刻，小支艦隊以演習名義到台灣東部，才開始展開攻勢，攻擊能量是能撐多久？

所以謠言破解？不，變種了。

目前的說法改為，反艦飛彈威力不大，所以對航母艦隊威脅相對也小，然後就糊弄過去說，航母威脅論依舊存在。簡單說，拿俄羅斯黑海艦隊被烏克蘭飛彈打的狀況，擷取有利的部分去解釋。莫斯科號的狀況我們之後會解釋，變種謠言強調的是損傷不大，但沒有提現代軍艦被飛彈擊中後，就算沒有沉沒，損傷也可能大到無法進行作戰任務，至少作戰能力大幅下降。

一支被台灣打到半殘的航母艦隊，開進太平洋後還能對我們有多少威脅？

這謠言其實光情境上就能破解得一乾二淨，真的不需要找一堆理由解釋。更直接的說法，如果中國只用了那一點海空軍，就能輕易通過台灣的海空封鎖，不就表示台灣其實很廢，根本就用不著跑到台灣東部海域來個戰略夾擊吧。

直接艦隊平推到台灣岸邊不就贏了？航母類型的謠言，本質上就是一種疊床架屋。

五、空降跳躍進攻，斬首作戰措手不及

二十多年前，在網路還沒有興起的年代，我們就聽說過中國可以利用大量運輸機，一架投放兩百個傘兵，數百架飛機一次在台灣上空放下數萬傘兵，瞬間就被精銳傘兵淹沒，這仗還要打嗎？年輕點的讀者應該會困惑，近年沒聽過這種事，再說國軍難道都睡著了嗎？

這則古早謠言的前提是，中國有上千枚彈道飛彈，把台灣空軍摧毀過半，再發起千架戰機奪取制空權，然後狂轟濫炸，讓國軍所有防空武力都被摧毀。接著就能用運輸機大搖大擺空降，連登陸都不需要。你看，又是飛彈先洗地，根本是萬用模板。

後來為何沒流行了？因為網路普及後，台灣傘兵退伍的弟兄很多，每一個都會跟你說這是鬼扯。光是適合傘兵跳傘的空曠場地都找不到幾個了，幾百個還好說，幾萬傘兵是在幻想嗎？

今天在台灣出現的新形態空降作戰謠言，大致上都是從傘兵空降演變而來，故事主軸相同，卻衍生出兩種款式。第一款，是傳統飛彈洗地、制空權奪取、消滅地面防空火力後，使用各種適合直升機的船艦，從海上發起直升機空降作戰。第二款，是斬首作戰的變形，強調低空潛入，滲透台灣防線後方造成破壞，效果如同飛彈攻勢。

謠言的故事大概都是這樣，前面八成都要彈道飛彈洗地，在台灣防禦能力降低的狀況下，發起強大的直升機空降作戰。

「……數十架直升機搭載特種部隊，迅速奪取機場，然後軍用運輸機依序降落，帶來大批支援部隊與裝甲車輛……」

之所以會這樣演變，主要還是因為傘降不可能了，在台灣要找到足以讓成千上萬傘兵適合跳傘的地方，大概只剩下中南部一些開闊地。但這些地方對傘兵來說一點都不安全，不需要防空飛彈擊落運輸機，只要國軍還有一些重型火力，要殲滅剛剛登陸的傘兵並非難事。這導致謠言要往這方向寫下去，就得更進一步解釋，中國要怎樣將台灣所有的重型武裝都摧毀，不越寫越扯就編不下去。

直升機作戰的難度

而直升機作戰具有高速突穿防線的優點，加上俄羅斯在烏克蘭之前，發起好幾次成功的小型空降行動，提供了直升機空降謠言的基礎。於是，不管是開戰時突襲總統府，或是開打到一半出現數百架直升機突襲空降台灣，還是幾十架去占領機場，或是戰爭中後期，突破國軍防線，直升機簡直是萬能鑰匙。

那麼，以中國的實際情況而言，在開戰後能否立刻發起跨海的直升機空降行動？很難。因為直升機作戰是前菜，一百架運輸直升機能載運的士兵，加上一定量的彈藥，極限就是一千人。大型作戰必須搭配這一千人直升機空降機場，好讓後方大批運輸機可以源源不絕地送上援軍。

關於直升機空降機場後，運輸機就能依序降落的謠言的破解關鍵，在於時間不匹配。

運輸機速度不快，從中國飛抵台灣，最近的機場也要一小時。然而這要搭配直升機作戰，若先等幾個小時，等直升機空降奪取機場成功才出發，那意即正占領機場的解放軍特種部隊，要面臨台灣守軍的反擊。在台灣的機場周邊都有裝甲部隊，一個小時足夠國軍殺回去，至少破壞跑道沒問題。

也就是運輸機要提早數小時起飛，好搭配特種部隊奪取台灣機場（國軍早就可以偵測到幾十架大型運輸機在天空）。若連前面的飛彈襲擊時間算進去，台灣只要沒有犯下極蠢的行為，像是繼續看電視完全不行動，要摧毀台灣機場周邊所有的防衛力量，根本不可能。再說，都看到天空有幾十架運輸機了，國軍難道不知直升機突襲是想幹嘛？

對照俄國空降軍在烏克蘭的失敗行動，中國解放軍要達成目標的狀況麻煩得多。

首先，要保證第一波飛彈攻擊有效，確保台灣機場周邊防空部隊癱瘓。

其次，空軍要不計血本，在台灣空軍（比烏克蘭空軍強得多）仍在天空的情況下，強奪至少部分制空權。

第三，直升機渡海低空飛行不被發現，同時繼續用飛彈與空軍，攻擊可能攔截直升機的機動飛彈車輛。

第四，直升機特種部隊降落機場，快速攻占塔台，並清理所有跑道障礙（依照中國發起攻擊到抵達時間，台灣有好幾個小時可以把挖土機、大卡車等橫躺在跑道上）。

第五，幾個小時後的運輸機，在能確保機場附近天空安全下，占領部隊也成功清理跑道後，迅速登陸放下部隊。

看到這邊要是還覺得空降作戰很簡單的人，我們也不知道該說什麼了。台海距離很遠，要從中國大陸本土發起直升機渡海作戰，難度遠遠超過從白俄羅斯進攻烏克蘭。白俄距離基輔一百多公里，看起來與兩岸差不多，但陸地上有掩蔽物，烏克蘭是等到直升機接近才發現；台灣海峽上毫無遮蔽，除非先把台灣的雷達炸光，不然要讓直升機編隊不被發現，毫無可能。

台灣的謠言改編速度在空降軍這題目上，實在慢很多，其原因也不難理解，直升機空降作戰的複雜程度很高，能夠將這過程進行改編者需要有軍事基礎知識。而台灣就算是偏統派的軍事迷，自己都不相信解放軍可以完美無缺的執行如此高強度任務，當然改編得很慢。

目前流傳的變種謠言，是混淆修正後的戰術，這種謠言變種的主流，是指中國對台灣執行直升機空降行動，以搭載直升機的兩棲攻擊艦作為跳板，發動特種空降作戰，又被稱為「空中跳島作戰」。

這不是新概念。因為中國的兩棲攻擊艦，原本的功能之一就是搭載直升機進行作戰，當然也包含直升機特種攻擊，像是穿越台灣防線搶攻機場。但加上大型水面艦的作戰，在戰略上的前提就更為複雜，相對來說也容易處理。複雜的行動必須搭配更多的前提，也就是需要種種時空環境的配合，而這在謠言中的處理，就是模糊化並加以混雜，讓讀者不明就裡。

「中國有很多直升機，也有很多兩棲登陸艦，還有兩棲攻擊艦，都可以停放大量直升機。從大陸沿岸飛過來確實浪費時間，但可以透過這些船隻，大幅縮短進攻時間。大家想想，從大陸飛過來要幾個小時，岸邊十幾公里只要半小時不到，看看近日中國大量軍艦迫近，都跑到台灣領海周邊了。面對現實吧，透過船隻中繼，猝不及防的直升機空降作戰，你怎麼防範？」

而後，在接上各種中國對台的作戰，好讓侵略行動不僅變為可能，還異常簡單。也就是直升機空降作戰，是一種橋梁型的謠言，負責解釋怎樣打開台灣防線破口，或是一開始的斬首作戰，讓台灣喪失守備最寶貴的頭幾天。

你如果反駁幾句，很高的機率會遇到以下這種回應：

「哼，解放軍的兩棲攻擊艦可以裝X架直升機，距離三十分鐘的海面上發起進攻，我看台灣怎麼守得住，你說啊你說啊。」

有頭有尾，時間數據都有，有點常識的人或許會覺得莫名其妙，但對沒概念的一般人而言，稍微擴充一下，加點專業術語，就看來極具說服力了。

讓我們認真地探討一下，正確的直升機空降作戰是怎麼打的，這樣讀者在面對直升機變種謠言時，比較清楚哪邊有問題。通常直升機空降作戰的情況，有一定的順序如下：

1. 戰爭初期，趁敵軍被大量飛彈襲擊，處在通訊截斷、反應遲緩的階段，使用大量直升機輸送特種部隊，穿越敵防線於敵人後方降落。
2. 於戰爭中攻擊敵方重要軍事設施、交通節點、機場港口，讓我軍後方準備增援的大規模部隊可以使用，增加進攻部隊數量。
3. 當戰爭進行一段時間後，與前線正面進攻的部隊呼應，前後夾擊、左右側攻，讓敵軍防線總崩潰。

這是空降作戰，不是「斬首作戰」喔，很多人會混淆這兩者。因為，直升機空降攻擊，具有非常強烈的一次性質，因為防守方若知道進攻敵軍擁有直升機，且已經使用過後，會去計算敵軍剩餘的直升機數量，盤點是否足夠發起另一次打擊，或是在重要地點增加兵力，以確保不會再被直升機得逞。俄烏戰爭證明，在防線穩固，烏軍心裡早有準備的情況下，若又沒有搭配其他攻勢，單純發起任何大規模直升機攻勢都接近自殺。

直升機的機降作戰，本質上算是特種作戰。因為載運量問題，不可能一台直升機塞一百人，攻擊型直升機運載人數只有個位數，運輸型直升機頂多幾十人，給你算一百台好了，中國大型直升機「直20」也不過最大載運十五人，全國也沒一百台。

好了，當作是一百台乘以十五人，總數一千五百人，全部是輕裝部隊。假設攻打台灣時，這些人攜帶輕型武器跟簡便的反裝甲武器，能否抵抗台灣仍有戰力的裝甲跟空騎部隊？不可能的啦。俄軍已經演過一次，精銳特種部隊面對烏克蘭舊款的T64、T72坦克，一樣被打得抱頭鼠竄。沒有裝甲部隊掩護，加上超大量的反裝甲武器，想抵抗有組織的裝甲攻勢是作夢。

更何況，直升機飛行之間要有間距，如果間隔十公尺的一字長蛇陣，「直20」直升機的長度二十公尺，代表一百台將近三公里的機隊。各位可以想像一下，國軍要截擊長達三公里的機隊，有多少辦法？

如果弄成間隔十公尺的大方陣呢？這會是邊長三百公尺的方塊，現代任何一款雷達，都會在螢幕上面看到滿滿的訊號。

由此可知，這種空降作戰，本來就不是給大編隊突穿敵方戰線進攻用，而要搭配其他整體作戰，屬於特殊攻勢，作用在於突破防線、製造後方干擾、打擊重要節點。例如派出兩打的直升機，快速前進好幾公里，在國軍裝甲部隊要馳援的交通要點上部署，作

為延緩國軍進攻之用，好替前線解放軍爭取時間，早點攻下陣地。

具體一點來說，就是這種空降作戰，將會是解放軍在戰爭的某一階段，於適合的狀況下使用兩棲登陸艦搭載直升機，對台灣已經產生缺口的防衛，進行穿透打擊、後方空降、機場強攻。

也就是在特定條件下可以進行：戰爭已經開打了，雙方損兵折將，解放軍終於取得部分優勢，可以把包含兩棲登陸艦在內的艦隊，抵達台灣海岸外數十公里處，而其受到的反擊都在可承受範圍內。在這種戰況下，針對仍然有防禦火力的國軍，使用直升機突襲防線比較薄弱的地方，空降防

線後方，與前線準備登陸的主力部隊進行前後夾擊；或是攻擊陸地內部很難被解放軍空軍攻擊到的陸軍砲兵、裝甲部隊，以降低登陸部隊的障礙。

光看到這裡，大家應該心裡也明白，別說打成這種狀況已經是多後面的事情，光是國際情勢恐怕早就演變到無法預測的程度。依照烏克蘭的案例，遠在發生這種戰況前，早就引發國際介入，屆時還能否發起這樣的作戰都有問題。

謠言則是斷章取義，直接說：「解放軍不需要從大陸開始飛好幾個小時，從海上的直升機母艦只要半小時就可以到。」

這種謠言的作法就是擷取整個正常直升機空降作戰中的一小部分，過度延伸其效果，反正聽的人沒有點軍事基礎，大概也聽不出問題，只會覺得：「對啊，直升機半小時就來了，我們怎麼辦？」。

各位聰明的讀者，日後遇到這類直升機作戰議題，就曉得該怎麼提問，畢竟戰況要到怎樣，才能讓幾萬噸大的兩棲突擊艦[3]，其全長兩百三十二公尺、寬三十六公尺，

3由以下新聞網頁的圖片可以看出，這可不是能隱祕行動的小船：
https://news.ltn.com.tw/news/politics/breakingnews/3787055

開到離台灣航程半小時的地方而不被警覺？

我們就不要提斬首作戰了，這只要從情境就能破解。倘若現在處在和平時期，突然殺來一群直升機大兵，衝入總統府與周邊機關大開殺戒，是能怎樣？要賭台灣人因此嚇到就要投降嗎？若接近戰爭前夕，國軍還會毫無準備，讓這些直升機輕鬆渡海？假使已經進入戰爭時期，那就更不用說，想要斬首的對象都被保護起來了。

別的不說，以富有空降作戰經驗的俄軍為例子，基輔之役的直升機空降，不過百多人精銳，設定上就只是快攻機場，讓後續部隊可以跟上增援。俄烏開戰以來我們何時見過數千大部隊空降過？

而且，這些戰事推進描述都是建立在兩岸已經開戰的前提上。我們回到老問題，現在兩岸一片祥和，突然解放軍就開好幾台載滿直升機跟特種部隊的兩棲攻擊艦到海峽中線以東，甚至台北港外海，拉個標語「我們沒有要來打仗」，全世界誰會信？

意思很簡單，和平時期不可能發起大規模突然的空降作戰，跳不跳島都一樣。你要把母艦當成跳島用，放在那邊難道沒人會注意？

若是開戰狀態，兩棲攻擊艦這種大型高價目標，都開到台灣岸邊沒多遠的地方，一旦台灣防守力量都在，一定先丟一打飛彈過去，哪有等解放軍好整以暇送出攻擊部隊的道理。

空降作戰若改編成斬首作戰，那就完全不一樣喔。斬首作戰考驗的是台灣政治上的承受力，像是台灣民眾會不會相信總統死亡就該談判，或是行政院被攻破就該投降，與是否有能力進行軍事反擊沒多大關係。小股直升機斬首部隊就算成功進入台北市，還殺掉台灣總統等相關重要人士，軍隊反包圍回去，這批部隊沒有任何存活機會。以民主政體的權力結構來看，不缺可以遞補領導者的政治人物，不會影響領導權力，甚至可能因為斬首行動的成功或不成功，更加激起對抗的意志。

除非台灣這樣就要投降，不然發起自殺作戰，這用意太超乎常人想像。

總之，俄烏戰爭沒出現過的空降作戰，不管是傘降還是機降，進行斬首作戰還是攻占機場，沒發生的過就不要再幻想了。俄國人並不是比中國人笨，才會想不到這些奇技鬼謀。

單純就是現實做不到，只能寫三流小說想像。

六、火山布雷系統，台灣變成地雷島

這個謠言是根據二〇二三年初的新聞而來，台灣據說將會買到火山車載布雷系統，也就是俗稱的火山布雷車，結果引發軒然大波，甚至有立委宣稱台灣將會變成地雷島。

這個謠言的內容大致上是這樣的：

「布地雷是最不人道的方式，尤其還是在台灣本土布雷，火山布雷車撒出的地雷將會讓台灣百姓無端受害。」

「我們難道要讓台北市街道上都是地雷嗎？」

類似版本太多，就不一一列出，而這正是軍事造謠的最佳範本，值得我們研究一下。

首先，一般人其實搞不清楚軍事戰術的使用，所以對布雷這件事沒有概念。其次，地雷的使用在一般文章裡都是負面的，像是東南亞到今天都還有過去殘存的地雷，非洲偶爾還會有無辜民眾踩到，因而斷肢喪命的新聞。

換句話說，結合無知與恐懼，加上沒有來由的封閉群組謠言散布，成為我們學習謠言散播背景的最佳範例。

1. 對真實狀況一無所知。
2. 恐懼與憎恨掩蓋理智。

首先，關於布雷非常不人道，現代早就禁絕，真的嗎？先不提俄烏戰場到處都在布雷，說這話的恐怕完全不曉得，國軍戰鬥工兵的五大基礎科目之一就是地雷。換句話說，直到今天為止，工兵的任務之一就是去布雷。想也知道國軍不會跑去反攻大陸，那麼我們訓練工兵布雷，是要布在哪？

當然是台灣土地上啊！

認為布雷就是不人道、將會到處遺留地雷的人，請先公開宣稱：「國軍工兵訓練非常差，布雷都不會記錄的，只會隨處挖洞到處亂丟，一點專業都沒有。」

別鬧了，布雷當然要記錄，不然我軍走上去豈不尷尬了！正常的情況下，工兵部隊都會找尋適合的地方布雷，然後通知我軍小心，這樣戰後要去清除，也才曉得去哪裡清。再者，這次要購買的火山布雷車，由於採取的是遠距布雷，也就是向遠處轟撒大量地雷，散落到預定目標區中，這種地雷當然是可以控制，具有定時失效的功能。

極端點說，都知道要往某個地方使用火山布雷了，要除雷也知道在哪。更何況「撒出去」的地雷，又不會自動向下挖，都是露天的，清理上沒那麼麻煩。況且，火山布雷主要是反裝甲地雷，一般人走過是不會觸發危險的。

使用地雷的戰術

所以，布雷是怎樣部署？一般而言有兩種：一是在敵人預期會通過的地方上布下，例如烏克蘭在平原上埋設，讓越野進攻的俄軍坦克觸雷；另一個是讓敵人知道這邊布雷，所以必須走其他地方，算是障礙物的一種。通常這兩種都只是形式，重點是雷區可以讓軍隊無法通過，形同人為障礙物。

以烏克蘭的情況來說，確定敵方有大部隊的狀況下，在開闊地帶布雷，是要讓俄軍無法使用裝甲大軍壓陣。只要有一台車觸雷，其他車輛就會小心閃避，降低進軍速度。這也可以讓俄軍停下，提供烏軍砲兵絕佳的砲擊點。[4]

此外，明顯有布雷的地方，俄軍也不會去走，像是巴赫姆特攻防戰中，街道上放了反坦克地雷，俄軍當然不會開上去，在交叉火網下，除雷非常不方便，形同人造障礙。這種情況下要除雷，除了爆破索以外，還有把溫壓彈拿來運用的案例。

總之，先不談地雷有分反坦克地雷與人員殺傷地雷，布雷戰術非常有用，尤其是當解放軍確定武力犯台之時，我方工兵若能及早在解放軍登陸灘岸，或是登陸後可能進攻的路線上布雷，就能有效的癱瘓進攻。

火山布雷車就是典型的例子。

4 俄軍在烏克蘭胡立達爾（Vuhledar）一帶展開坦克攻勢，深陷雷區後被烏克蘭砲兵殲滅：https://www.forbes.com/sites/davidaxe/2023/02/08/smashed-by-ukrainian-mines-and-artillery-russias-winter-offensive-just-ground-to-a-halt-outside-vuhledar/?sh=4c8f145c5558

今天解放軍第一波登陸成功，送上數台坦克，這小批部隊會想要正面硬撼國軍的裝甲旅嗎？腦袋正常的解放軍軍官都不會，必定要朝向港口等重要目標挺進，早點開放港口讓後續部隊可以持續登陸。或是趕快攻下附近的城鎮據點，好鞏固登陸灘頭，讓後續部隊上岸。

此時因為某些原因，國軍無法擋在進攻部隊之前，但可用布雷車於遠處放置大量反坦克地雷，解放軍肉眼都看到地雷在路上了，還會傻傻地把少量寶貴坦克壓上去？不管是動用人員一顆顆丟掉，還是擁有爆破索等工具一次性的範圍除雷，都要耗費時間。

且火山布雷車又不是只能丟一次，以解放軍的立場來說，還有比這個更麻煩的嗎？好不容易登陸成功送上幾百名士兵跟幾輛坦克，結果困守灘岸附近，被地雷圍到無法動彈，要被國軍殲滅只是遲早的事情。

地雷謠言是要斷絕台灣的防禦手段

接著來分析造謠的方式與目的。先把單純的惡意、為反對而反對的去除，針對攻擊布雷戰術的方式，以及可以造成哪種後果的目的，各自解說一下。

造謠的方式很簡單，利用現代社群媒體的封閉性，讓不了解地雷的一般人輕信「台灣會變成地雷島」這件事。這效果簡單粗暴又有效，畢竟戰鬥工兵出身的民眾比例上不高，若有一百個LINE群，依國軍戰鬥工兵退伍比例，恐怕不到五個群會剛好有工兵退伍的弟兄。

換言之，九十五個LINE群以上，都處在不知道「原來國軍工兵也會布雷喔」的狀況，就算扣掉其他軍種或多或少對工兵有所了解的，這數量還是會超過八十個LINE群。不然當過兵的各位自問，非工兵出身的，服役中有聽過工兵訓練包含布雷嗎？

因此結果就非常災難。即便一百群裡面有二十群知道狀況，在媒體刻意放大的效應下，幾乎所有電視、紙本媒體，都沒有報導戰鬥工兵退伍弟兄的說法，僅有少數政論節目會提。於是我們就見證了一則經典謠言的誕生：「布雷車將會讓台灣到處都是地雷，且在未來數十年持續影響大家。」

這狀況只會更加嚴重。因為現在兵役期短，恢復一年役期後或許會有改善，但之前的四個月役期與替代役男世代，將會是受影響最大的一群。

這種造謠方法單純有效，我們得花十倍力氣去解釋，才能拔掉人們心中的疑惑。

而最有效的破解方法，還是得讓戰鬥工兵退伍的弟兄出來講。這就跟空降謠言的狀況相同，二十年前相信解放軍會到處丟傘花，現在幾乎沒有了，因為在空特服役、跳傘過的弟兄太多，網路發達後，這種謠言說出去會很快遇到空特退伍的人戳破。

至於造謠的目的到底為何？坦白說，多數謠言都只是一種自發性行為，在台灣的軍事謠言多半來自於「吹噓」，也就是某個人認為解放軍無敵、國軍必敗，再去刻意扭曲資訊而來。這常出現在親中的軍武迷身上。由於太相信中國必勝，不停地鑽牛角尖去找尋可以攻破台灣防線的方法；又因為自己有點軍事知識，遂去斷章取義、編造再製，來完成自己心中的劇本。

真要往比較陰謀論的說法推進，我們有發現到近年台灣所有的軍事謠言，不管是新製、再製、編造，都有一種傾向——

那就是**讓台灣在實際防衛上面失去有用手段**。

讀者或許覺得奇怪，謠言不是本來就如此，為何說這幾年更加如此？是這樣的，過去的謠言往往建立在各種偏見、偏執、意識形態上，如之前所說，一個統派的軍武迷深信解放軍可以三天打爆台灣、七天擊敗美國，所以查遍所有資料，擷取自己想要的部分，編造出一則則經典謠言。網路時代還有大量的農場文跟方便散播的管道，讓經典謠言系列不停推陳出新，直到俄羅斯在烏克蘭翻車為止。

這兩年的謠言傾向，更接近於讓台灣在軍事上實質可用手段消失，火山布雷車就是典型的狀況。

沒有布雷車，戰鬥工兵依然還是要去布雷，但是效率會差很多。站在解放軍的立場，可以攻擊的、看得見的布雷工兵，與遠方不知在哪會撒一片地雷過來的機動系統，威脅程度一目了然。

此外，這種謠言的後續，更進一步是要透過輿論斷掉台灣所有布雷的戰術手段。已經有聲音出來，認為「怎麼可以在自己土地上布雷」，這根本在否定工兵的存在意義，意圖讓台灣抵禦解放軍的手段少掉一項有利的方式。

我們或許要更警覺，加速軍事常識的散播。因為阻絕謠言的最佳方式，是類似傘兵空降謠言消失的範例，大量跳傘過的退伍弟兄，看到那種大台北到處跳傘的言論，是不分立場都在痛罵跟闢謠的。我們這些年已經看不到這種謠言了，因為謠言散播的斷點太多，不足以形成同溫層去練蠱，讓謠言可以進化。

想靠某個法條去解決謠言問題，我們真心認為不夠。不管是舊的謠言，還是俄烏戰爭後的新種、變種，其實只需要一點點的軍事常識就可以破除。若社群軟體中超過一半以上的社群都有人能夠跳出來，就技術層面、時空條件，當場破解給親友看，謠言早就被斷光了。

七、新形態無人機將海量淹沒台灣

無人機在烏克蘭戰場的使用，我們在後面將有專章解釋，這裡就專門針對最常見的軍事型無人機謠言切入。目前最常見的無人機謠言，完全不意外又是人海戰術的翻版，這已經是謠言的基本模板。不過呢，與其說是古老的戰術變種，近年的狀況比較像是電玩世代的想像，「生產夠多的士兵，直接平推過去就贏了」。

「開戰初期，數千上萬架的無人機，將從大海的彼端蜂擁而來，每一架都攜帶小型榴彈，朝著台灣防線狂轟濫炸，而體積小數量又多的無人機，飽和了台灣防空能力……」

後面就不用說了，不管是前面先來彈道飛彈洗地，還是無人機飽和攻擊完再洗，概念上都是一樣的。而這種謠言變化很快，烏克蘭戰場出現丟小型炸彈的無人機，解放軍版本的就直接複製貼上。有趣的是，就算沒有武裝，謠言也會解釋這是一種消耗台灣寶貴防空武器的作法。

簡直是看不起人。因為這類謠言從幾十年前改裝「殲6」就開始了，整套邏輯一模一樣，要不是改裝無人機超強，就是起碼可以消耗防空飛彈。

這些通通都成不了真。如果真的那麼有效，我們應該會在烏克蘭戰場上，看到上百架一次性無人機攻勢吧。為何沒出現？顯然不是無人機不夠多，單純就是沒意義。

我們就先專注在破解海量無人機渡海攻擊這點。無人機依照尺寸可分為大、中、小不同的型號。大型的可以長期滯空偵察，美軍的機型甚至可以攜帶對地飛彈，小型的如四軸無人機，專注在戰場偵察，改裝版本可以當作簡單的投彈器。

那麼，要萬架無人機渡海的是哪一種大小？謠言所稱，多指為小型四軸無人機，鮮有中大型的。故我們可以理解，無人機攻台的謠言，是台灣自己想像出來，並非中國刻意輸入。

對無人機的幻想

理由很簡單。無人機攻台的謠言並非烏克蘭戰場運用後才出現，前幾年各類晚間慶典開始出現無人機空中排圖案，還可以做出各種變化的節目，是從這些影片出現後，謠言才開始擴散。

很明顯的，這是穿鑿附會。因為無人機作為軍事用途，最大的麻煩不是航程，是控制。無線電波有控制距離，且會互相干擾，若要操控多架，有一定技術難度，至少在五六年前，我們沒有見過類似的說法。也就是當影片出現可以一次控制多台無人機的技術，就有好事者想像解放軍會運用到軍事上，接著就是想像力奔馳的時間，一路奔到幾千架無人機可以飛越海峽。

為何說這是謠言？

請讀者詢問傳播無人機攻台謠言的人，其所指稱的無人機是大型還是小型？大型無人機確實可以飛越海峽，但小型無人機的航程都在一到兩小時內，航程在五十到一百公里間，加上速度又不快，別說是攻台，飛得過來再說。再者，小型無人機負重有限，如果要延長航程，勢必得攜帶電池，可以帶的炸藥就更少。沒有武裝或是輕型武裝的無人機，根本用不著飛彈，拿機槍在海岸掃射就可以打下大多數。

就算如此，也還有另一項難關。因為無線電有控制距離限制，超過控制距離就得安裝導航系統予以自動化，照著這個思路改造下去，我們最後會得到一款輕型自殺無人機，威力非常低，僅能殺傷人員，對於輕型車輛都沒多少破壞力。

當然有人認為，可以拿中型以上的無人機比照辦理。先不提這有多貴，無人機的缺點就是速度慢，在一望無際的台灣海峽上慢慢飛過來，用不著飛彈，對空機砲就可以全數擊落。要能夠突防，速度必須變快，則引擎要加大，燃料倍增，整體重量上升，那這不就是火箭、飛彈嗎？

簡單說，算造價就會發現，與其拿中大型無人機去改成攻台利器，這錢換成火箭飛彈還比較划得來。

倘若問完大小，對方還是不死心，可以接著問無線電的控制距離。從中國來遙控的距離會超過一百公里喔，無線電的強度隨距離平方遞減，越靠近台灣就越會被台灣干擾，屆時只要台灣進行干擾，這些無人機會怎麼樣？

更不死心的，會跟你說安裝了導航系統，可以自動引導到目標攻擊。這倒不是不可能，烏克蘭的確有這樣做過，但多半是潛入的特種部隊，離機場等目標一段距離內發射，不是從本土飛幾百公里過去。也就是說，無人機謠言又是另一種移花接木，將不同狀況下的例子套用到台灣上。

其實，無人機真的是威脅，至少對金馬外島來說，距離的優缺點等於逆轉，對台灣守方極為不利，但要拿來對付本島，真的是想太多，不能類比。

以目前烏克蘭的狀況，無人機越來越像是遊蕩彈藥（一種低成本的導引彈藥，一般指自殺無人機），必須當成彈藥，而非是載具。也就是說，正確的用法是將無人機當成軍隊的標準配備，加強作戰優勢。

不是抽離當成一種絕殺兵器。

台灣的軍事謠言，幾乎都有這種特徵，強調單一武器將有決定性效果，將造成骨牌效應，中間過程跳過不談，然後就是國軍會被摧毀，全島被占領。

只要追問執行細節，不要陷入技術的干擾，思考一下謠言的情境，在何種情況下可以進行，正常人都可以用常識判斷真假。

八、俄烏戰爭對台灣謠言的影響

俄烏戰爭算是將近代各種軍事謠言做了全面的重整，畢竟再也沒有比實戰更能檢視武器性能的機會了。無論是傳統的飛彈洗地、漫天戰機、空降神兵，都被烏克蘭無情地摧毀，這倒不是烏克蘭軍隊多厲害，而是真實武器本就沒那麼神奇。

為何謠言可以一路吹脹到破掉？

這算是一種自我演化，本質並不是軍事，而是屬於心戰宣傳的一環。心理戰的關鍵是打擊信心最弱之處，誇大我方的優勢，削弱敵方的抵抗意志，所以就操作上而言，謠言的變種機制都在合理範圍內。但是，心理戰的一大重點是不能太超過，過於荒唐無稽的論述，一旦被戳破後會有極大的反效果。

不管從任何角度看，在台灣的謠言顯然脫離控制，走到荒謬無比之路。歸納其狀況大致可分為三點。

第一，謠言多半發自中國，在資訊不透明下，由台灣對狂信中國軍事強大者加油添醋後散播。因為並非官方有意為之，也就無法有效控制擴散範圍。

第二，中國對台灣的大方針是分化，心戰上的合理性並不會凌駕於分化原則，若台灣人在軍事上意見兩極，形成對立之勢，那麼中國會採取將謠言深化的方式，促使台灣人更加分裂。

第三，高度分眾的台灣社會，每個小圈圈都有自己的意見來源，且對同溫層訊息深信不疑。中國會刻意在各陣營安插極端分子，製造荒謬絕倫的說法，軍事議題上更是如此。一旦吹到破掉，就可以當作某陣營網軍證據，激化台灣內部對立。

而當台灣內部自己都產生了共鳴者，主動站在中國方幫忙傳播，製造跟加深謠言，就沒完沒了。這種狀況一如克里米亞被俄國奪去前的情境，克里米亞半島上多數人都陷入一種很弔詭的瘋狂狀態中。中國是期待台灣出現克里米亞模式的，畢竟這是現存沒有被外國干預的案例，烏東一旦開始分裂陷入內戰，或多或少都還有外部支援。

俄烏戰爭極化了謠言

今天，台灣的謠言並沒有因為俄烏戰爭而消弭，反倒被極化。深信謠言的一方，幾乎沒有接觸到任何相關訊息，在這一、兩年裡，內部資訊圈對於俄國武器性能之差，完全避而不談。偶而出現一些俄軍不錯的表現，立刻拿出來大肆張揚。而萬一出現瞞不住的狀況呢，就責怪到美國等西方國家身上。並不是俄國武器太差，只是西方更勝一籌。

為何會出現如此詭異的情境呢？

因為，台灣的謠言產製者與主要散播群體較偏向統派。對於俄國入侵烏克蘭，他們的主流意見則是烏克蘭不出幾天就會被強大的俄國攻下，台灣要好好想想自己的下場。意思是，中國對比俄羅斯，台灣相比烏克蘭，請好自為之。

極盡嘲諷與羞辱之口氣，每日緊盯俄國進度，好比選舉時的電視台超前計票一樣。俄軍還在基輔城外，台灣已經有人認為俄軍早就占領基輔。而且烏克蘭人民多數喜迎王師，等著把西方勢力清除出去。

結果呢？當然沒有結果，所以也就裝死不談。戰略上談不下去，開始從戰術上去談，一下子說南方赫爾松陷落，是俄國在下大棋要來個右鉤拳，過一會則說哈爾科夫圍而不攻是節省兵力要夾擊基輔。在某些人的論述中，普京用兵如神，俄國只是以退為進。

這些人如此說：「烏克蘭其實死傷慘重，軍隊接近瓦解，是你們只看西方報導，都被假新聞騙了。」

觀察其精神狀態，其實滿可憐的。第一階段作戰結束後，開始宣稱俄國要來場大攻勢，南北巨大包圍將會殲滅烏克蘭軍隊。那麼這場包餃子行動怎麼回事？六、七、八月，餃子皮越包越小，最後滿足於包圍小小的城鎮，幻想烏克蘭在前線小村莊的失利，將會成為轉捩點。到了九月烏克蘭大反攻，依然繼續相同的論調，反正只要不承認自己看錯，就不會有錯。

最後都是別人的錯，「要不是西方介入太多，若不是澤倫斯基下令抵抗，俄國早就贏了」，連這種鬼話也出現，狀況從糟糕變得難以理解。

但是，由於相信軍事謠言的群體，向來接收資訊來源就是這些偏統派的軍事論述者，他們抵死不講俄國的軍事失敗，也就讓相信謠言的群體始終接觸不到真實戰況。於是乎每天繼續飛彈洗地，渾然不知俄國發射的飛彈數量，早已超過中國擁有的總數，依然繼續重複相同的論述，情況已經接近魔幻。

為了壟斷資訊，挺俄的軍事專家，繼續糾結在小細節上，不對大戰況做任何回應，接收群體也就不知道有什麼變化。在他們的世界中，烏克蘭的戰況大抵上應該都是俄國占優勢，雖有小小抵抗，仍改變不了大局，之所以會撐到現在都是西方援助。

其論點，全部扣在台灣必須是烏克蘭，中國就是俄羅斯，中國攻台必將摧枯拉朽，這是不能更動的結論。

那只好更動過程，把烏克蘭能守住，全部歸功於西方尤其是美國的援助，這樣才可以操作疑美論。其邏輯非常簡單：「因為有美國才能守住，而美國對台灣的信用不佳，所以台灣是沒有指望得到外援的。」

遇到反論怎麼辦？就提出反反論，說提出反論的都是另一陣營的人，「非我族類其心必異」，要大家連看都不要看，請繼續看烏克蘭怎樣被屠殺，美國如何欺騙跟放生烏克蘭人，俄國其實占盡優勢，只是不想痛下殺手。

稍有一點點優勢證據，擴大百倍宣傳，於是台灣有將近一半的群體，這一年只有一個大概的俄烏戰爭印象，但對實際情況不了解，繼續相信謠言中的各種神兵利器。

九、謠言的產製邏輯與在台灣的變化

謠言的產製通常有兩種，第一種是先射箭再畫靶，先設定好台灣必定可以被突襲作戰攻下，再去找進攻方法，然後編織各種情境理由。第二種則是由舊的謠言隨新聞狀況去改編。

以直升機空降作戰來說，這是屬於一種特殊進攻方式，要搭配其他攻勢才行。畢竟直升機很脆弱又相對慢，進攻早有準備的敵軍，容易被各種對空武器修理。一般而言都會先有大規模的飛彈襲擊、砲兵攻擊，轟到敵軍七葷八素，陷入痲痺狀態下，直升機突入才會簡單。

謠言則是削去所有討論細節，不給你時空背景，如把和平與戰時混淆，把平時可以開船到岸邊的狀況，變成戰時也可以做到如此。至於為何開戰就可以，回到謠言的老路，說彈道飛彈已經轟到台灣防禦力量瓦解就好。謠言會有大量的數據轟炸，讓整篇文章看起來很像一回事，諸如解放軍有很多架直升機、很多母艦、速度也快，再丟一個國軍反應速度不夠的例子，後面就可以編故事了。

再說一次，看一下俄國怎麼在基輔之役栽跟斗。之前的謠言也解釋過，太多條件要匹配，差了一個就會讓整個作戰失敗。

所以，空中跳島作戰為何跑出來，多半屬於第二種，跟著新聞去修正。因為一般人會看新聞，發現俄國直升機作戰怎麼吃鱉了？轉過頭看看老謠言，好像解放軍使用直升機飛過來，不會成功對吧？稍有點軍事知識的謠言產製者，會很快的修正條件，像是中國有很多直升機母艦，攻擊距離會變很短，所以不會出現俄軍長途跋涉被截擊的情況。

而一般人不見得會想那麼多，這類謠言會再搭配一下，讓俄國失敗的例子，變成好像是解放軍已經記取教訓的案例，加上彈道飛彈、巡弋飛彈、長程火箭攻擊等等，瞬間就把國軍會反擊的因素抹消掉。真遇到會追問的，就扣你沒有料敵從寬的萬用帽子就好。

混淆各種狀況的謠言

要如何破解這類謠言？只要反問直升機空降的條件就好。跳島作戰其實更加麻煩，直升機母艦的位置在哪，在什麼時間點擺放在哪個位置，都會牽涉到整體狀況、和平與戰爭狀態。

打個比方，解放軍把所有可以搭載直升機的艦艇，都開到海峽中線上，說只是演習。但後方已經動員數萬大軍，各式登陸艦都開始裝載坦克跟士兵，戰機頻繁上天繞行，軍艦早就開出外海編成艦隊。此時還會有人相信這只是演習？

這個問題會在破解謠言時反覆出現。平時什麼狀況都沒有，突然就有三五艘兩棲攻擊艦跑到基隆外海，一次放出兩打直升機進攻台北市，是能幹嘛？

更多時候，可以反問提出謠言的人，解放軍到底有多少可以搭載直升機的攻擊艦？直升機的數量有多少？可搭載人數跟武裝配備是什麼？這批部隊能執行怎樣的任務？

你會發現，絕大多數的人都講不出所以然。

謠言很少見到全新的，總是從各種既有的謠言衍生變化，因為武器發展就那樣，俄國的失敗讓支持者找不到什麼可以反駁的理由。曾經喧騰一時的極音速飛彈被攔截，想盡辦法要解釋這只是偶然，唯一能做的就是在謠言上製造斷點，讓受眾接收不到正確資訊。

對於會看軍事、國關新聞的人可以這樣，其他沒興趣的一般人，只會有一個俄國好像打不好的印象，那該怎麼處理？

「沒有一百分就是零分。」

愛國者飛彈攔截率沒到一〇〇％，你看這真沒用；解放軍可能上岸兩萬，看吧輸定了。

軍事上沒有絕對，防空飛彈的邏輯是攔截網，提高攔截機率降低損失，沒有百分百這回事。烏克蘭在開戰一年後，舊式防空飛彈攔截一大半的俄國各式飛彈，他們將沒攔截到的部分瘋狂傳播，竭力告訴聽眾，飛彈的破壞多麼可怕，房屋瞬間被炸毀，戰爭多殘暴。

是的，攔截率無法達到一〇〇％，後面直接連結到漏網飛彈的破壞，訴諸恐懼。不跟你講道理，從頭恐嚇到尾，於是乎真的擔心自己家會被飛彈摧毀的民眾，對戰爭的恐慌不停上升。就算你跟他說飛彈不會沒事打民宅，害怕就是害怕，已經被嚇到無法接受任何機率。

就現實面而言，台灣有充分的防空避難設施，城市裡現在有大量的地下停車場，多具備防空避難功能。以飛彈的速度，聽到防空警報，衝下樓梯到地下室，時間是綽綽有餘。只需要充分的避難訓練，要讓民眾的生命損害降到最低，完全是做得到的。

但沒有用，台灣有民眾已經接受了只有防守一〇〇%才叫作成功的概念，同時相信損害〇%的避戰策略才有用，也就是簽條約、投降，只要不打仗就好。其邏輯荒唐到形同因為會有車禍，所以台北市從明天開始禁止車輛通行。

這種謠言為何會有用？因為不負責任的政治人物亂講，刻意製造恐慌的統派軍事專家，已經進化到不僅僅生命安全、財產損害都不行，現在連戰爭時不能有任何生活受到影響的論述都有。

意思是，戰爭只要開打，台灣政府也不能進行任何干擾生活的舉動，且軍事運作必須一〇〇%攔截，同時保證財產零損失。

做不到？那就不要談戰爭。

要做到這麼誇張，無疑的是透過資訊截斷，在同溫層內不停加溫的結果。而這當中，要搭配台灣挑釁才有戰爭的邏輯，其道理類似「面對搶匪給他搶就好」，歪曲到難以置信的地步。

為何情況會變得這麼扯？自私。

台灣民主政治走到今天，政客往往濫開支票，造就不負責任又自私的選民。往往無視資源有限，更常常違反能量守恆，要求根本做不到的事情，而政客則是選上再說。

我們無法解決自私的問題。今天是中國對台灣有敵意，若台灣放棄武備，中國絕對立刻武裝接收，並且採取高壓統治永絕後患。然而自私者的想法，已經被統派人士歪曲到自己的生命財產不得有損失，而抵抗侵略的責任都是別人的。

而這一切，都從沒有一百分就是零分開始，美其名做好最大監督，其實是在破壞台灣人民心防。

試想，若台灣防空飛彈部隊完全成軍，攔截率可以超過九成，比美國與以色列都要高，但民眾卻認為這支軍隊是廢物，因為沒有百分之百。這一切到底多可笑。

但我們可笑不出來，這已經在發生了。

截斷惡意謠言的傳播刻不容緩。

第二部　在俄烏戰爭中被破解的謠言

很不幸的，在二〇二二年二月二十四日，俄國總統普京用「去軍事化、去納粹化」的理由，向烏克蘭發起軍事入侵。開戰前邊境陸軍部署達到十六萬人以上，發起四個方向的進攻，在南方克里米亞戰線，迅速地攻占烏克蘭南方大城赫爾松，並越過聶伯河，指向大城奧德薩；頓巴斯方面則朝向亞速海重鎮馬里烏波爾，歷經血戰後奪下，成功的將俄國本土與克里米亞連接起來。

而在東北方哈爾科夫、蘇梅方向進展就不大順利，尤其是以北方白俄羅斯直抵烏克蘭首都基輔的速攻遭到挫敗，許多戰前被預估為重要手段的

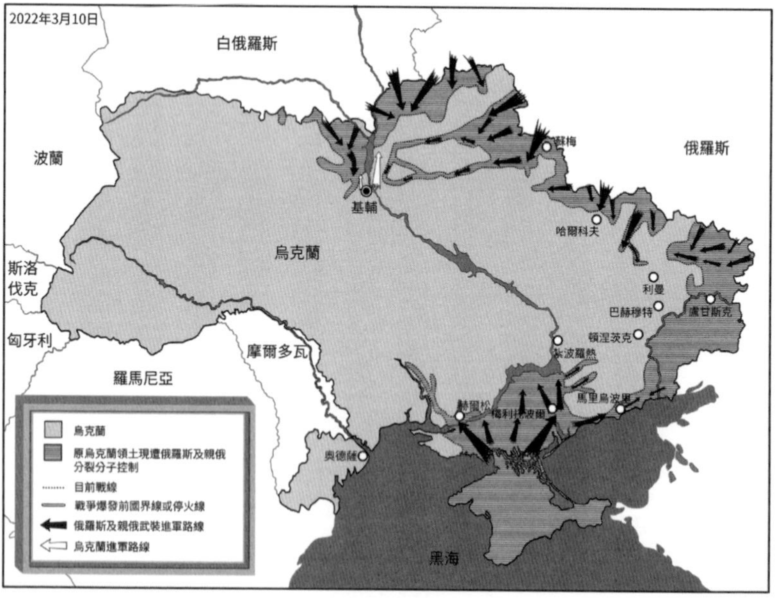

■ 第一階段行動截至三月十日的俄軍進展與占領區。

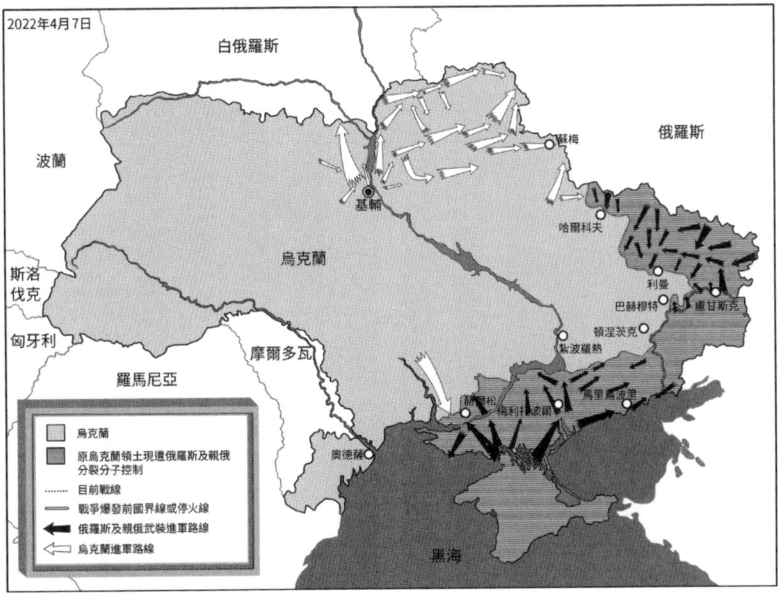

■ 第一階段行動結束時的占領區。

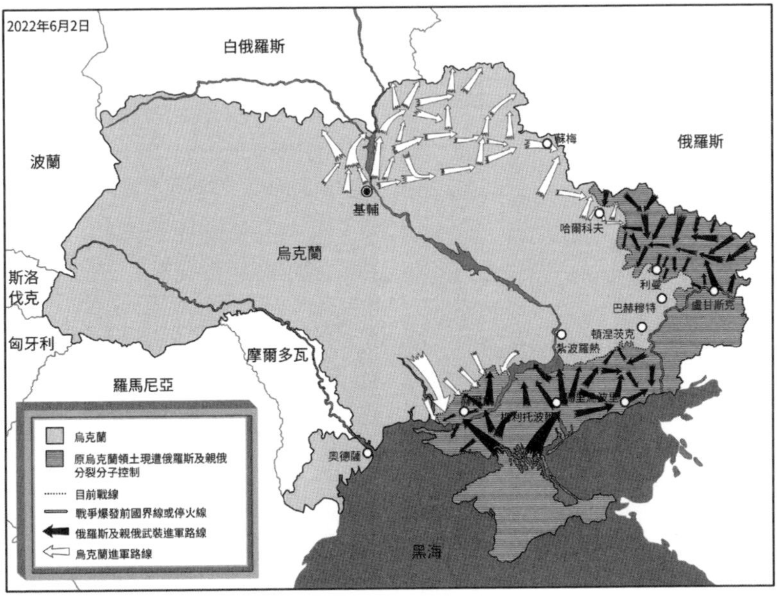

■ 第二階段行動截至六月二日的俄軍進展與占領區。

戰術均告失敗，無功而返。俄羅斯也在開戰後一個月，宣稱第一階段作戰結束，將進入解放頓巴斯地區的第二階段。1

戰爭固然悲慘，然而卻是我們從中學習防衛台灣的重要手段。不幸的戰爭之中可以勉強說得上幸運的是，在上一本《阿共打來怎麼辦》中提及的諸多圍繞台灣的軍事謠言，於出書後沒多久就遭到實戰無情破解。

當然，謠言不是全部遭到破解就算了，當中有一些部分重新被詮釋，然後繼續以謠言的形態傳播。說可悲也是很可悲，失敗主義在台灣仍然很有市場，但這也是我們要繼續努力的地方。

本部的內容，我們將採取俄烏戰爭中出現的實例，加以擴充解說，讓讀者更能理解謠言的本質，不僅僅是無知，而是混雜了更多惡意。謠言真正的意圖，是要削弱一般人對於侵略的抵抗意志。

畢竟如果面對必敗的戰爭，正常人都會預想其他出路。

故我們不僅僅可以發現謠言的基礎其實非常脆弱，更可以透過網路紀錄，發覺許多農場文如何在不到一年內，逐漸將論述轉彎，轉到仍然具有合理性的過程。這非常值得我們來探討，在台灣的失敗主義者能如何找到各種理由，將解放軍無敵的前提擴充重謄寫成新的故事。[2]

然而，我們更加希望，讀者能夠從這部分獲得進一步的概念，了解軍事常識並非需要大量的專業背景才能獲得，而可以經由觀察戰場與武器的實際表現來修正。誠然軍事專業非常艱深，但絕對不是看著官方數據幻想得出，現代各式各樣先進武器，想要徹底理解其技術內

---

1 可參考維基百科上的俄羅斯入侵烏克蘭兩階段的行軍方向動態圖。

第一階段：https://commons.wikimedia.org/wiki/File:2022_Russian_Invasion_of_Ukraine_Phase_1_animated.gif❶

第二階段：https://commons.wikimedia.org/wiki/File:2022_Russian_Invasion_of_Ukraine_Phase_2_animated.gif❷

2 俄烏開戰後才兩個月，謠言就已經開始轉彎。從標題看起來變化不大，敘述已經從「不選邊站」，轉變為中俄擴大交流合作的「堅強關係」；一方面表達「對西方陣營產生強大衝擊」的訊息，另一方面又強調中國的「和平調停者」角色，定調國際衝突為美國霸權主義的結果。

可參考以下網頁（依時間序）：

二〇二二年一月一日：https://kknews.cc/world/pjk6kkp.html❸

二〇二二年三月二十四日：https://read01.com/DRNexRA.html❹

二〇二二年三月三十一日：https://kknews.cc/world/gx4x28e.html❺

二〇二三年四月十日：https://kknews.cc/military/zleb4p3.html❻

二〇二三年四月二十八日：https://kknews.cc/n/gl98a2e.html❼

涵，沒有拿到幾個理工學位，真的做不到。

這正是盲點，如果現代武器的技術必須要有專業學位才能徹底明瞭，那麼各種失敗主義，不管是台灣必敗或中國必亡，根據又何在？謠言產製者有幾人具備真正的軍事專業，能夠明瞭其中複雜尖端的現代科技？

最後我們將會發現，破解謠言關鍵在於一視同仁的態度，軍隊管理與公司管理的本質沒有差別，造假虛報每個國家都有，想通的瞬間，就會對根據「官方數據」做出「深信不疑」論述者，萌發懷疑的種子。

我們並不希望讀者變成陰謀論者，只是再也沒有比實戰更能檢視武器性能的地方，沒有道理面對毫無實戰經驗、演習次數也不多、外銷口碑不佳的中國製武器，竟然可以在面對台灣時變成神兵利器。

農場文吹牛到不僅三日亡台，都快變成七日滅美了，上個世代的山東號，居然可以嚇跑美國的核動力尼米茲航空母艦。就會出現以下這樣的標題文章：[3]

「尼米茲見山東號就跑？專家表示大陸可用『這個』對付美國航母」

「美尼米茲號撤退原因　山東艦率領十二艘戰艦與九十架戰機」

這讓人懷疑寫農場文的人有上中文維基百科，查一下中國自己宣稱的數字嗎？山東號的艦載機為四十四架，尼米茲級才是九十架。而且中國尚未完成自己的航母艦隊編隊，與美國成熟的航母打擊群相比，戰力不在同一個層次，媒體卻喜歡抓著一兩條消息去擴大解釋，根本是在編故事。

破除各種謠言的根本，還是在我們能否透過大量的案例，逐漸建立起軍事的一般性常識基礎。

接下來，讓我們進入主題吧！

---

3 可參考「新聞」頁面：https://tw.stock.yahoo.com/news/尼米茲號見山東號就跑-專家爆大陸用-2招-對付美航母-231009015.html

十、彈道飛彈效果有限

毫不意外，俄國入侵烏克蘭初期，各國對於攻勢的模擬，就是俄國將以海量的飛彈摧毀烏克蘭的空軍、機場、防空設備，接著就是以絕對制空權優勢，搭配精銳的地面力量，快速的空降部隊突擊，如摧枯拉朽之勢，幾天內就收掉烏克蘭。

演員顯然表現不佳。第一步飛彈攻勢就出狀況。以俄國的飛彈攻擊狀況來說，精準度（CEP）的誤差幾乎可以肯定超過官方數據的五到十倍。以最知名的「伊斯坎德爾」（Iskander）短程飛彈來說，宣稱的精準度可達五至十公尺，戰爭開打前在中文網路的流傳，效能不比美國的短程戰術飛彈差，甚至尤有過之。[4]

「伊斯坎德爾」短程飛彈的實戰表現呢？

Iskander(SS-26 "Stone")		SRBM	500km
作戰範圍	50km (31 mi) -400 – 500km (250-310 mi) for Iskander-M	精度	5-7 m (Iskander-M)

攻擊固定建築物，像是大型雷達站、政府機關等，確實非常精準，許多烏克蘭政軍設施都在開戰頭幾天處在癱瘓階段。在台日韓產高階晶片滿地球爬的現代，這麼大的建築物還打不中，豈止丟臉而已。

打中當然很好，但我們過一段時間回去看，被打擊的烏克蘭軍事設施恢復功能，政府機關正常運作，所以這飛彈到底是有效還是沒效？其實該打的大型目標都確實擊中，功能也都一時癱瘓，但要徹底摧毀一棟建築，並不是只看打中與否。像是烏克蘭的固定防空雷達陣地，雷達被擊毀後當然就無法使用，屬於完全摧毀，民生基礎設施可就不見得，只要料件齊全，烏克蘭工人維修一段時間就可恢復運作。[5]

只要不是有重要設備存在的設施，要徹底摧毀建築物便相當困難。

4 這是伊斯坎德爾戰術飛彈，在公開資料中可以查到的數據：https://missilethreat.csis.org/missile/ss-26-2/ ❶

5 烏克蘭於二〇二二年八月下旬，核電廠被砲兵攻擊後，不久即修復供電。可參考新聞頁面：https://edition.cnn.com/2022/08/26/europe/ukraine-zaporizhzhia-power-plant-grid-reconnection-intl/index.html ❷
也可參考二〇二三年三月九日、十日，烏克蘭核電廠被飛彈攻擊，不久後修復供電的新聞：https://www.voanews.com/a/6999845.html ❸

❶ ❷ ❸

以美國川普總統任內向敘利亞發起飛彈攻擊、摧毀化武建築的案例來看，美軍使用了超過百枚飛彈才將目標完全摧毀。看圖片就能知道，這種建築還不是台灣ＳＲＣ抗震結構，就得費這麼大工夫。[6]

一般而言，要打擊一個軍事目標例如機場，通常有露天停放的戰機、停放戰機的機堡、跑道、油庫、彈藥庫、機場等設施，所以使用多少飛彈，需要好好評估。例如說我們有一款飛彈，精準度大概是「兩發至少確定一發可以命中」，那麼打擊對象如果有五個目標，就得用十發飛彈去確保可以五個都摧毀。

如果是打擊跑道，則是會計算破壞到某種程度，讓戰機無法起飛。例如跑道長度為一千五百公尺，戰機只需要五百公尺就能起飛，那麼至少要炸成等分四段，則需要三個打擊點。用剛剛那款飛彈，就是六發才能保證打斷這條跑道到暫時不能用。

飛彈相當昂貴，需要用在高價值目標上，俄國要癱瘓烏克蘭的機場，這是理所當然的戰術，那麼讓我們看一下需要精準打擊的軍事目標如機場，效能到底有多好。答案是：一點都不好，發射了五到十發飛彈，連一條跑道都打不中。如果依照宣稱數據五到十公尺的精準度，這種寬度的跑道好歹也要打中一至兩發。所以我們可以反推回去，ＣＥＰ值幾乎是五到十倍，也就是二十五至五十公尺以上。

當然這只是估算，且用低標處理，畢竟我們不清楚俄軍實際瞄準哪裡。如果瞄準的是「一個」目標，那麼五發分散到這麼廣大的地方，CEP何止是五十，都到五百公尺去了。若是瞄準五個目標，都很有自信會打到，那每一發都算命中點附近的跑道、機堡、機場設施，誤差差不多就是數十公尺內。

總之，不管怎麼估算，號稱大殺器的俄軍伊斯坎德爾戰術飛彈，表現完全不如預期。[7]

6 共計發射一百多枚飛彈將設施摧毀。可參考新聞：https://www.theguardian.com/world/2018/apr/14/syria-air-strikes-us-uk-and-france-launch-attack-on-assad-regime❶

7 二〇二二年二月二十四日美國全國廣播公司商業頻道（CNBC）新聞網頁中報導，二月二十一日烏克蘭哈爾科夫楚胡伊夫空軍基地受到俄國的飛彈攻擊。根據衛星圖片顯示，俄國的飛彈攻擊對於烏克蘭機場的殺傷力很低，與百發百中相去甚遠，往往是五、六發才有一發擊中機場內有價值的目標。https://www.cnbc.com/2022/02/24/satellite-imagery-shows-russian-attack-on-ukraine-from-space.html❷

農場文在俄烏開戰後改變風向

如果翻閱過去幾年的農場新聞，會發現更有趣的變化。原本中國農場文都宣稱，東風系列飛彈是跟伊斯坎德爾學習來的，既然俄國貨這麼棒，中國模仿下自然不會太差。結果二〇二二年下半，就已將兩者並列，並開始出現俄國應該學學中國，或中國綜合性能更好的說法。

我們從中國各類農場文的敘述，會發現從俄國入侵之後，就開始減少對俄國的稱讚。這當然不是因為抵制侵略方，而是俄國的表現遠遠不如預期，要吹捧實在吹不下去。

更尷尬的是，中國軍事力量看似強大，但幾乎沒有實戰經驗，較之俄國常常出兵干預各地，如敘利亞、喬治亞、烏克蘭，有較多的實戰戰場案例經驗。俄式武器在許多案例上表現並不差，雖然與美國武器相比仍有一些差距，也不能說是天差地別。所以，當中國又宣稱突破了什麼技術，往往都會暗示這來自於俄國，或是從前蘇聯國家中獲得。大概會出現以下的新聞標題：

「烏克蘭將洲際彈道飛彈送中國？俄方無奈中國又多了一個友人」

「能夠攔截洲際飛彈的國家只有兩個：俄羅斯關鍵時刻透露技術給中國」

「地球上最強飛彈車被中國輕鬆取到手：俄國哭訴蘇聯國寶級技術流失」[8]

很明顯在二〇一六年以前，中國的敘事多以向俄國、烏克蘭取得關鍵技術，作為自己武器性能優異的理由。而且還會順便提到美國氣急敗壞，似乎已經失去威脅中國的能力，因為俄羅斯已經傳授指點武功祕笈了。

「俄羅斯窮瘋了竟然把鎮國之寶都賣給了中國，氣得美日破口大罵！」

「俄羅斯堅決不賣的核心飛彈技術，這國都願意給中國，不是烏克蘭」

8 二〇一六年，中國的農場文對俄國武器的描述，多所稱讚，內容則是中國透過各種方式，學到了「更先進」的技術。可參見網頁：
https://kknews.cc/military/qea9z8b.html ❶
https://kknews.cc/military/1ma6xz.html ❷
https://kknews.cc/military/e9yqek4.html ❸

❶

❷

❸

「《漢和》盛讚中國防空飛彈超越俄羅斯S-500，射程可達六百千米」

「中國掌握俄羅斯軍用飛彈發射卡車技術，可承載三種不同飛彈」9

到了二〇一七年，依舊是照著這套邏輯說故事，而且性能開始青出於藍，彎道超車俄國老大哥的速度好快，前後差沒一年，複雜的軍武科技就能從剛剛取得，直接超越之。

那麼俄國侵略烏克蘭之後呢？

「現實是骨感的，東風41飛彈並不比俄羅斯飛彈差，白俄一技術占優了」

「R27飛彈脫靶嚴重，中國卻買上千枚，二十三年後成就讓美空軍司令感嘆」10

俄烏開戰還沒一個月，中國的軍武技術就開始脫鉤俄國，變成自力研發生產到比肩美國。說好的老大哥親切傳功呢？

當俄軍入侵之後，沒多久就被發現，飛彈精準度並不高，空軍出勤數也不多，至少與農場文說的兵強馬壯差距甚遠。那麼之前不是暗示說武器技術從俄國而來，所以與美國武器也沒差到哪去的說法，又該怎麼圓？

慢慢圓。中國多年前已經在其他領域，將自己塑造成獨立生產先進電子零件的大國形象，將這套說法慢慢套到軍武領域。先從「俄國其實已經慢慢跟中國取得電子產品」的說法，將俄國與中國的主從地位翻轉。再從俄國戰事受阻，開始向其他盟國求援的新聞，讓讀者相信不少軍事尖端零件確實來自中國：

---

9 二〇一七年，農場文盛讚俄國技術優良，中國好不容易才取得了鎮國之寶，俄國武器有多驚人呢？是會讓西方國家瑟瑟發抖的程度。
https://read01.com/kGdDon.html ❶
https://kknews.cc/military/5m2a232.html ❷
https://read01.com/5PG7RK.html ❸
https://kknews.cc/military/qqoxkl8.html ❹

10 二〇二二年俄國入侵烏克蘭前後一個月的農場文差異，一個月前的內容還在講中國技術已經不比俄國差，一個月後已經變成中國能自己弄出讓美國驚嘆的東西。其中R 27為一九八〇年代蘇聯的中程空對空飛彈。
https://read01.com/58zyE8L.html ❺
https://kknews.cc/military/bv3knlj.html ❻

❶ ❷ ❸ ❹ ❺ ❻

二〇一七年

「俄羅斯大規模求購中國晶片，把國家安全交給我們」

二〇一八年

「俄羅斯是電子科技大國麼？買印度火控計算機，購中國航天元器件」

「只因蘇聯走了這條彎路，俄羅斯蘇35戰機換中國這個東西都得再加錢」

二〇一九年

「獨立自主的軍用晶片／電子元器件」

二〇二〇年

「沒有高端晶片，俄羅斯是如何打造一流武器，沒被西方掐住脖子的？」[11]

最後，就能名正言順地，把中國的軍事技術優於俄國化為事實，讓讀者忘記「還沒一年前，中國的軍武都劣於俄國」這件事。

二〇二二年

「中國叫停對俄龍芯出口，是怕西方制裁？俄方的自以為，搞錯了對象」[12]

各種農場文的敘述內容，都圍繞在中國能自力研發光電零件上面，而這個過程隨時間加強，如果俄國沒有入侵烏克蘭，我們在二〇二三年恐怕就會看到，中國已經能超車西方，獨立生產各種尖端武器零件，與俄國合作創造超大的陸地聯合霸權。

---

11 透過歷年中國對電子科技的敘述，可以看出逐年提高中國的重要性，雖然整體上仍然遜於俄國，但已經不可或缺。二〇一七年正是習近平決定大力加速半導體發展的時間，台灣內部多有名嘴將此時間當成分水嶺，認為中國在這年已然超越西方。

二〇一七年 https://read01.com/GeKAnL.html❶

二〇一八年 https://kknews.cc/zh-tw/military/epv5azn.html❷
https://read01.com/zh-tw/jjQO483.html❸

二〇一九年 https://kknews.cc/zh-tw/military/8pzpbel.html❹

二〇二〇年 https://kknews.cc/zh-tw/tech/8kzlrjl.html❺

12 到了二〇二二年底，中國的農場文已經將俄國視作較低等的國家，技術需要仰賴中國，而中國基於保密原則不大願意出口給俄國。由此可以看出幾年來的逆轉，原本是俄國洩密給中國，變成了中國怕洩密給俄國。
https://kknews.cc/world/8ab8kln.html❻

缺乏實彈試射的資料

有人或許會覺得奇怪，為何帳面宣稱的跟實際表現會差這麼多？先不論對外宣傳需求，為了自我吹捧而出現這麼大的差錯，多數原因都是因為實彈演習太少。基於內部政治因素，組織會有強烈的造假誘因，避免表現太差而失去大筆訂單，甚至研發者還會丟官查辦。相較美軍的作法，是要求「公開」實彈試射，打中打不中一目了然，廠商面臨強大壓力下不敢造假，政府面對民意不敢說謊，數據自然就比較可信。

以技術論，俄國的先進飛彈，多數高階晶片都是早年跟台日韓購買，在美國歐巴馬總統後期，跟俄國關係變差，開始限制俄國外購後，俄國才逐漸轉從中國進口購買。而照某些中國電子產業優越論，實戰結果應該不會落差這麼大，我們就當這種說法是合理的，中國國產晶片不會比較差，至少有與台韓同級晶片的九成表現。那這也顯示，飛彈的精密度並不是看單一零組件，高階晶片的運算性能強，但仍然需要各種搭配與校正，像是雷射陀螺儀、尋標器，還有控制介面，乃至於引擎、燃料本身都是影響因素。

更何況，誰知道跟中國買的晶片，是不是貨真價實的中國貨？我們別忘了，台灣對高階晶片控管，也是這幾年的事情，誰敢保證俄國不是經由第三方取得台日韓的產品。

總之，沒有實彈試射，或是由「已有成功經驗」國家的技術傳授，太多鋩鋩角角都要靠經驗累積。而我們常直覺地認為俄羅斯繼承了大部分蘇聯軍工遺產，當然能把蘇聯的實力套在俄羅斯身上。

前蘇聯的軍工業主要位在烏克蘭，電子零件生產基地則在白俄羅斯，因為白俄跟俄國關係良好，也是許多人認為俄國仍有科技實力的理由。但是，最先進武器尖端的光電製程，這些年幾乎都在東亞幾個美國盟邦手上，即便俄國仍是全球光學零件最佳國之一，單一零組件的強大，無法改變整體光電實力落後西方的事實。

無論怎麼解釋，俄國飛彈實戰表現不如預期是事實，精準度遠超乎想像的差。這足以說明，若是解放軍要使用彈道飛彈癱瘓敵國軍事能力，一點都不簡單。

在此多加說明，飛彈其實可以比喻成具有飛行能力的大型砲彈，我們可以從精準度與威力兩方面來解釋。如果精準度不夠，那就相當於花幾百萬美元，丟了一發威力很大的砲彈，去炸開一個大坑；若威力不夠，即便擊中目標，損害也不大，更不用說是目標是現代鋼筋水泥建物。

以往我們看到的新聞，都是美國攻打伊拉克、阿富汗，向著敘利亞發射巡弋飛彈。

以美國的技術力，精準度自然不用說，卻仍要數十發才能完全摧毀建物。而烏克蘭的基礎建設、民用住宅的強固程度，已經大幅超過上述國家，所以俄國的飛彈攻勢才會即使擊中了也效果欠佳。

以精準度論，美國仍然是最強大的。過往我們判定為具有全球第二水準的俄國，顯然技術力差異與第一名已經不能放在同個量級上。就算我們將標準放在摧毀特定物體，如雷達、飛彈、車輛上，俄國用行動實際證明了，要擊毀固定式的目標簡單，要擊中機動車輛則非常困難。烏克蘭機動防空與雷達車輛，幾乎沒有開戰後被飛彈擊毀的案例。

反觀中國，其軍工光電技術實力，難道遠超俄羅斯嗎？就算超越俄國，距離美國仍有不小差距。而且實彈試射的資料極少，演習狀況又都不佳，早年宣稱自己的技術多來自俄國，而俄國比肩美國，故中國飛彈精準度必定不差。現在，這套論述還編得下去嗎？

前文提到二〇二二年的農場文變化趨勢，吹捧俄國飛彈的文章迅速變少，取而代之的是中國有更強技術，東風系列遠比俄國伊斯坎德爾有優勢。

這可奇了，原本農場文不都是以中國飛彈仿製俄國為傲，以青出於藍為榮嗎？何以中文圈的資料洗得如此快速，讀者不難想見其緣由。

說到底，烏俄戰事中美製武器也有參戰，透過海馬斯發射的戰術飛彈，可是精準命中刻赤大橋，屢屢打擊俄軍補給站，以及各項高價值戰術目標，精準度高到小於五公尺。以戰果論，要說低於三公尺都不過分。

結果擺在那裡，何必多言。

要繼續拿宣傳數據，吹噓中國飛彈極為精準無比者，請拿出證據，證明中國抄美國的，而且還是全盤照抄一字不改，這會比繼續拿俄國當樣板有說服力得多。

所以我們可以得到什麼結論？那就是彈道飛彈雖然好用，但效果遠不如預期的好，打擊小國或許有用，面對烏克蘭這種軍力在中等以上的國家，要打擊的目標太多，能採取的反擊手段不少，彈道飛彈的優點，會被缺點抵銷掉。

十一、飛彈很貴，不會無限制使用

精準的飛彈能快速量產嗎？

我們在《阿共打來怎麼辦》裡提到，飛彈非常昂貴。俄國的伊斯坎德爾「短程」戰術飛彈，造價就超過一百萬美元，其他各類型號雖不相同，我們仍然可以照這個數字去估算。

那麼，飛彈很貴，俄國庫存多年的戰術飛彈，到底用掉多少？

二〇二二年五月，烏克蘭表示遭到逾兩千枚飛彈攻擊，有專家估計約兩千兩百枚。到了年底，烏克蘭總統澤倫斯基公開表示，飛彈襲擊四千枚。從二月底打到五月底歷時三月，用掉兩千多枚，平均每個月七百枚。再到年底近七個月，增加到四千枚，平均每個月三百枚。可以看到每月發射數量急遽降低，即使是俄國，飛彈也不是無窮無盡，開戰後半年，飛彈攻擊頻率低於開戰時一半，而烏克蘭的防空並未遭到毀滅性打擊，依舊保持對抗能力。[13]

不到半年就消耗了超過六成，一年打了快五千發。看一下二〇二二年下半年之後的新聞，幾乎都沒在高談俄國飛彈威力，改成傳統砲兵轟擊了。原因也很簡單，俄國都開始改造其他飛彈來湊合用，不然戰術飛彈的數量根本不夠，戰果也堪慮，媒體呈現效果很難看。

這一年多來，我們不時看到有人宣稱，中國可以每年生產三千發飛彈，增產到六千、一萬發都可以，反正中國有的是錢。那麼，有開始大量擴建工廠，各國有出現任何新聞表達對中國急速增產飛彈的憂心嗎？

沒有。

那麼，我們先問，俄國有因為自己耗盡庫存，想辦法加速生產嗎？當然是有。所

13 根據報導，至二〇二二年五月的統計，俄國已經打了兩千多枚，依然摧毀不了烏克蘭防空網，到了年底則是近四千枚。
https://www.upmedia.mg/news_info.php?Type=3&SerialNo=145635 ❶
https://news.tvbs.com.tw/world/1993681 ❷

❶ ❷

以俄國就真的多出成千上百發飛彈可以用嗎？當然沒有。

接著再問，中國有藉此機會開始急速量產嗎？當然也沒有。因為飛彈很貴，先進飛彈更貴，要保存這些飛彈也是超級貴。沒有各種先進光電零件的飛彈，精準度已被驗證很差，一個沒有辦法精準打擊目標的飛彈，其威力不會比傳統砲彈好到哪。台灣人或許是在波灣戰爭後新聞都在講飛彈，完全忘記飛彈存在的理由。

飛彈之所以好用，在於射程很遠，遠程投射可以避免己方損傷。例如，在二戰期間想要把炸彈投到人家身上，可是要冒險開轟炸機深入，在敵方戰鬥機與高射砲部隊的攔截下，飛到敵軍上空丟下「大量」炸彈。所以算成本就知道，一發飛彈一百萬美元或許很貴，跟十幾架轟炸機與幾百枚炸彈比，相對便宜很多。

先進的精準導引飛彈超級貴，卻仍然被各國重視，一發即使高到一千萬美元都划算，就是在於成本的精算。因為一發飛彈若能精準打中目標，傳統飛彈十幾發都還打不中，就值回票價。故而打不中的先進飛彈，效能比不準的傳統飛彈十幾發還差，威力還不如集結砲兵部隊狂轟濫炸。

所以回過頭來說，為何中國不大量增產？因為先進飛彈需要的東西太多了，前面說過各種零組件，在世界上各有擅場的廠商，全球幾乎就那幾家。台灣人熟悉的是台積電的先進晶片製程，但另外的三五族化合物半導體高手穩懋，認識的人就不多了。這些半導體都只是基板，軍用品後續的加工多要回到美國、日本身上，才能成為先進、現代的武器光電零件。

等級差一點能不能拿去加減用？可以，但換算成CEP值就是以倍計算。由於飛彈內部的零組件還要搭配調校，假設有三個零件A、B、C要連結，A的精度九九%、B是九五%、C是九〇%，搭出來的結果最高就是八四點六%。就算使用強大的軟體去調整，配合現代高速晶片運算，也只能把這個八四點六%加成到九〇%。

硬體的技術差距可以用軟體調整，但無法超越。先進飛彈中光是半導體需求就好幾樣，ABC三種都九九%跟九五%的差距，出來就是九七%比八五%，換算CEP將是五公尺比二十五公尺以上。這還沒有考慮到，先進飛彈極其仰賴衛星定位，美國的GPS跟俄國的格洛納斯系統，難道會是一樣的等級？各位真的認為，中國的北斗衛星系統，能取得跟美國相同等級，甚至更高階的軍用衛星零件？

追蹤零件備品量，就可以知道戰備狀況

讀者或許奇怪，這不是在談成本嗎？是的，上述每個段落，當中提到的技術，都是用錢堆出來的，算是研發、製造成本。如果加上考慮保管需求那就更可怕了。武器中的電子零件，只要開封後接觸空氣，多數即開始劣化，半導體相關的更是如此，若是商用品，要求還不會很高，軍規品就不能這樣，等級完全不同。

假設有一款最先進的飛彈，其中的重要零件，開封後一年就會劣化到不準，而且飛彈並非家電，家電在開封後還能讓維修工人花點時間直接換裝，但飛彈無法如此。若要保持長期備戰狀態，每個零件的壽命都要計算，備用零件的數量會遠多於飛彈本身。這在現代來說，就是當中國想要發起戰爭，情報單位只要追蹤這些備品量、下單量，就能抓個大概。

想要讓台灣這邊完全沒有警覺，中國就得處在長期備戰狀態，先進飛彈的維持成本會倍增。若不這樣做，戰前幾個月才開始大量增產、下單購買，不被發覺才奇怪。

一旦被發覺，飛彈的突襲效力就會大減，畢竟軍隊都知道敵人要發動大量精準飛彈攻擊了，沒有不及早因應的道理。

講這一大篇的理由，就是讓各位讀者了解，飛彈的成本不是只看售價，更要看生產時間，零組件的保存期限。這跟一般商用家電的維修道理相同，廠商總是要有零件備品，不會等到客戶維修單來了才去新購。如何維持庫存成本，考驗廠商的管理能力。

軍事武器的運作原理沒有不同，差別在於成本更高，畢竟打不準的飛彈就跟一般砲彈一樣。讀者想要比擬，就用手機電池的續航力來想，出廠時若是續航三天，民用需求大概要低於一天才想換電池，但軍用品必須維持在二點九天以上。

相同情況下，軍用武器各種零組件，若要保持在備戰狀態，儲存管理成本遠遠超過一般商用品。倘若想要確保開戰後，每一發飛彈都能處在最佳狀態，成本將會拉得更高，有錢如美國、常打仗如美軍，也不是無限量生產武器擺在那裡備用。

所以，中國確實有在提高飛彈存量，但絕對不是像謠言說的如生產鍋碗瓢盆般，只要砸錢夠多，幾台機械組幾個小時就有一枚出廠。

最後，我們從俄國急速消耗的飛彈，就能看出越先進的飛彈，製造工藝流程越繁複，越需要跨國電子產業鏈的支援，而且價格不菲，不能遍地開花。俄羅斯開戰後傾全國之力增產飛彈，與消耗量相比是杯水車薪，到了二〇二三年後，更可以說這些少額飛彈打擊，已經沒有戰爭初期的效果了。

十二、慘遭滑鐵盧的空降作戰

別再相信天空一堆傘花的傘降了。

二〇二四年的今天，偶爾還聽得到這種講法，顯示一般人更新軍事常識的速度很慢。我們還是得再說一次，傘降需要場地，不是隨便一塊空地、馬路都可以跳傘。直至二〇一六年，仍可以聽到有人宣稱，傘兵可以從天而降，就算城鎮被轟成瓦礫堆，人人都可訓練得堪比神龍小組。

然後要求其他人依這種標準料敵從寬，不然就是刻意貶低中國。

別鬧了啦！我國在烏克蘭的空降戰法，都是使用直升機，而且屬於特殊作戰，僅在初期第一階段戰事有用。在後期滿地都是防空飛彈的情況下，就再也沒有大規模使用過。在巴赫姆特圍城戰，還把空降兵拿去當步兵打，因為空降兵訓練精實戰力較強。

要是空降這麼有用，俄羅斯為何不到處用、天天用？

俄羅斯對烏克蘭的空降作戰

完整的俄國直升機空降戰術會在本書第四部解釋，在此我們來看一下俄國的空降作戰會失敗的原因。

俄軍在二〇二二年初期，想炮製在喬治亞、哈薩克的成功的空降作戰，其原始設想是這樣的：

1. 飛彈打擊烏克蘭防空重心、空軍取得制空權。
2. 直升機特種部隊深入基輔市郊機場，快速壓制奪占清場。
3. 陸地機動部隊高速挺進支援，加強機場防禦能力。
4. 大批運輸機精銳空降兵降落，在基輔城外完成集結。
5. 迅速入城壓制烏克蘭政軍重地，完成首都占領。

嚴格來說第1步算是成功。開戰之初，烏克蘭的固定雷達、防空陣地被打得很慘，俄羅斯空軍在基輔附近的天空占有制空權，烏克蘭確實無法阻止任何大規模空降行動的發起。不過，後來都確認實際戰果不高，烏克蘭軍隊在俄軍入侵後，很迅速地分散躲藏起來，避免被大量的飛彈襲擊、空軍攻擊摧毀，靜待反擊時機。

第2步則是大家都在新聞報導上看到，整支直升機部隊沿著聶伯河低空潛入時，被沿途的烏克蘭小股軍隊截擊，一台掉落河中。這意義代表，烏克蘭軍隊嚴陣以待，並沒有出現軍方中樞被麻痺，或是部隊失去指揮不知所措的跡象。這支直升機機降部隊還是成功抵達機場，並驅逐機場守軍，算有完成初期任務。

如新聞網頁顯示的照片[14]，此為烏克蘭軍方在聶伯河上擊落的直升機，在擊落時還能順便照相錄影，表示烏軍並沒有驚惶失措，而是嚴陣以待。

第3步則是只成功一半。確實有一支俄國的快速打擊部隊深入烏克蘭境內，但受限於對地理環境不熟悉，以及受烏克蘭軍隊的游擊攻擊而遲滯，最終沒有抵達機場，完成加強防務的工作。這讓結果非常致命，沒有裝甲部隊的協助，前面已抵達的直升機精銳特種部隊，根本無法防禦烏克蘭砲兵、裝甲兵的反擊，很快就被逐出機場。

可以參考這篇關於俄軍在霍斯托梅爾機場挫敗的報導[15]，描述了空降部隊的運用有多困難，稍有差池就會遇到激烈反抗。守軍武裝只要夠強，空降部隊就很難透過輕武裝獲得優勢，若支援車輛無法及時抵達，就可能面臨失敗。整場空降戰役的結局，是俄軍損失數十輛裝甲車後撤退，顯示孤軍深入又欠缺持續性支援的危險。

俄軍的第4步就沒成功。原本預計奪取機場後，空降兵的運輸機將會魚貫降落的計畫落空，已經起飛的運輸機在知道攻占機場任務失敗後，紛紛返回白俄羅斯的基地。過沒幾天，俄國還是想發起相同行動，奪占基輔南方的瓦希爾基夫空軍基地，結果是悲劇的，有兩架滿載空降兵的運輸機在高空被擊落，兩百名精銳直接折損。之後俄國就沒有在確保空優、清除地面防空威脅之下，發起過任何空降行動。[16]

至於第5步，連開始都沒有。

14 於聶伯河上被發現後，遭到擊落墜河的俄國直升機。參見網頁：https://www.pravda.com.ua/eng/news/2022/03/7/7329148/❶

15 俄軍在霍斯托梅爾機場挫敗的報導請見：https://www.oryxspioenkop.com/2022/04/destination-disaster-russias-failure-at.html❷

16 訓練有素的精銳，就在沒有確保安全下被擊落，兩百名空降兵毫無發揮就被犧牲。https://www.washingtonexaminer.com/policy/defense-national-security/two-russian-transport-planes-shot-down-around-kyiv-ukraine-says❸

❶ ❷ ❸

從以上的簡述我們可以發現，空降任務要成功並不困難，機場若沒有加強防務，面對特種部隊的奇襲，要失守也是很快。雖然烏克蘭早知如此，只留下少數警備部隊，奈何戰力相差太大，機場仍被奪下是事實，若無其他部隊遲滯了俄國的陸地增援，狀況還很難說。

直升機空降奪取任務很難，還不如用克里米亞模式

烏克蘭怎麼處理的？很簡單，避其鋒銳、拖延進軍，先在機場跑道前後放置車輛，讓特種部隊必須花時間清理，拖延運輸機空降增援的時間，並及早隱藏砲兵與裝甲部隊，在機場確定被直升機降奪取後，立刻發起大量反擊。此時還在跑道上的俄軍遭遇砲兵襲擊，在烏軍坦克（還是舊款的）逆襲下，欠缺反裝甲手段的俄軍選擇撤退，任務失敗。

這表示機場的空降奪取任務非常複雜，任何一個環節失敗，將會導致全部行動崩潰。

與其憂慮會發生謠言渲染的奇怪空降神兵狀況，我們不如先擔心克里米亞跟烏東

模式較為緊迫。可以想像以下狀況：人民普遍欠缺軍事常識，導致選出親中政客，利用各種治安理由，主動迎接中國武警來台執法，製造國內政治糾紛，造成軍事防務混亂……

這至少在烏克蘭不是想像，類似狀況已經發生過。

烏克蘭東部於二〇一四年陷入內亂，親俄民兵宣布獨立，並攻占烏克蘭政府單位，俄國同時間派遣「志願軍」，實際上是精銳空降部隊進入。這個過程是階段性的，先是親俄民眾示威遊行，要求比照克里米亞模式，公投加入俄羅斯聯邦，而烏克蘭政府當然不願意。

隨即衝突發生，親俄政客要求雙方自制，降低暴力行動，而烏克蘭政府面對輿論節節敗退，總有看電視的歐洲人覺得追求獨立公投何錯之有？此時俄軍集結在邊境，名義上是執行可能發生的人道任務，或是防止衝突擴大至境內的準備，更讓烏克蘭軍方倍感壓力。

接著民兵出現，攻占政府組織，並逕行辦理公投，獲得極高的支持度，緊接著俄軍就進駐，協助民兵攻擊烏克蘭政府軍了。

發揮一下想像力，我們會驚覺，這在台灣要如法炮製，並非完全不可能。這些神發揮的敵後滲透效果，將遠遠高於直升機滲透破壞。

從直升機空降戰術在烏克蘭的實際運作，我們完全可以應用到台灣的情況，大規模施行不可能瞞人耳目，面對強力的防空系統，貿然突襲只會損兵折將。若是小規模滲透突破倒是常見，但也絕非運用到斬首行動，或有決定性影響，充其量是戰術運用。沒有一處戰場的情勢，是依靠大批直升機空降逆轉的。

十三、黑海的海軍使用狀況

俄烏戰爭的海上衝突極少，所以沒有什麼海軍戰術能參考，但我們倒可以從中去看「萬船齊發」的可能性，還真的是低得可以。

由於烏克蘭相較之下等於沒有海軍，幾乎都是使用陸空軍對俄海軍發動攻勢，到後面則常用無人艇攻擊軍艦，這能讓我們看到，現代海軍的優缺點，並加以帶入台海的情況。請注意，黑海的海象對比台灣是非常平穩的，任何對照都要先思考兩者差異，並不是距離差不多，結果就會差不多。

首先，我們先來談一下登陸戰。在《阿共打來怎麼辦》中我們提到，台灣一直存在著萬船齊發攻台的謠言，宣稱中國可以使用龐大數目的漁船，載運海量的士兵進行人海戰術，淹沒台灣的防線。那麼烏克蘭既然海軍薄弱，俄國想要打下一兩個小島，理應毫無困難才是。那麼，實際狀況如何呢？

初期蛇島的攻防戰可當作參考。蛇島距離烏克蘭海岸約三十五公里，離俄國控制的克里米亞約一百八十公里。雙方有使用任何漁船類的載具嗎？

沒有。

理由有二，其一是蛇島的地形為岩岸，漁船根本沒有登陸能力，衝上去直接就擱淺了。其二為距離太遠，對俄國來說使用漁船的軍事應變效果太差，萬一失敗的狀況下，漁船極易被摧毀。

再說，打一個小小的蛇島，幹嘛用幾十艘船艦去圍攻。

俄軍的戰法是，使用空軍與大型水面艦攻擊蛇島，火力壓制島上駐軍，再用直升機跟登陸艦進攻。由於蛇島很小，迅速進行壓制後，港口就能夠被使用，如預想一樣送上防空飛彈設備，可以封鎖整個烏克蘭南岸。這也是正規登陸作戰，使用海空軍壓制岸上防衛火力後，接著用直升機跟登陸艦送上部隊占領。

沒有取得制空制海權，發起登陸作戰無異於自殺

讀者會有疑問，這能類比到中國很難對台灣施行漁船的大量登陸嗎？

直接類比不行，但是狀況可以拿來參考。第一個可以思考的是，蛇島處在烏克蘭陸地攻擊的範圍內，俄軍最後棄守的理由，就是無法持續提供蛇島防禦能量，而烏克蘭擁有許多射程超過三十五公里的武器，並能攻擊補給蛇島的俄軍軍艦，而實際上也摧毀了俄國登陸艇，用飛彈擊傷救援船隻。若想要阻絕烏軍的陸地長程攻擊，與其從海岸登陸，還不如直接從赫爾松方向進攻並拿下奧德薩。[17]

現代海軍要打擊陸地目標，只能依靠飛彈。艦上飛彈有攻陸跟防空兩種，通常船艦可以利用自己的雷達網，協助岸邊部隊防禦空中攻勢，亦即俄海軍想要協助陸軍進攻，軍艦張開防空網是一個選擇。又或者是對陸地目標發射飛彈，掃除陸地障礙。

面對烏克蘭擁有的飛彈發射車，射程超過一百公里的反艦飛彈，實質上就能威脅俄國海軍無法靠近海岸。離海岸越遠，能協助支援的範圍就更小，就算控制了黑海，也不代表黑海海岸都是俄國的控制範圍。

也就是說，俄國後來的考量是，與其花一堆時間取得蛇島，封鎖烏克蘭對外出口，

---

17 即使黑海制海權屬於俄羅斯，要徹底阻止陸地反擊仍然相當困難。https://www.bbc.com/news/world-europe-62022476

但若要徹底阻止反攻，還是得從陸路進攻奧德薩，占領烏克蘭所有海岸，到那時候蛇島也沒那麼重要了。

也就是說，俄國最終考量是要封鎖烏克蘭對外出海口，取得蛇島將可以扼殺烏克蘭對外航道。但問題來了，只要烏南奧德薩海岸仍在烏克蘭手上，烏軍就能夠投射武力攻擊蛇島，若要徹底阻止烏軍反攻，勢必還是得從陸路進攻奧德薩，占領烏克蘭

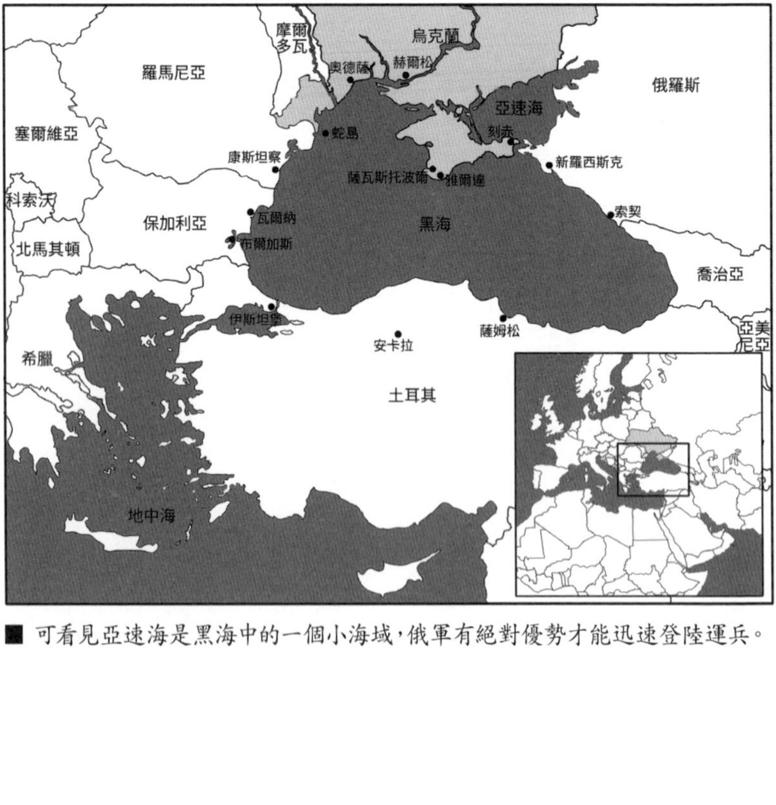

■ 可看見亞速海是黑海中的一個小海域，俄軍有絕對優勢才能迅速登陸運兵。

所有海岸。

這就變成雙重矛盾，取得蛇島是為了便於封鎖，而蛇島的位置離烏克蘭還比較近，處在天天被攻擊的狀況，為了消滅烏克蘭反攻力量，就得將烏克蘭海岸線都拿下，到那時候蛇島也沒那麼重要，畢竟烏克蘭實際上就失去所有出海口。

那既然如此，攻占蛇島的戰略意義還存在嗎？

將這案例放到中國對台灣來思考，中國無法摧毀台灣陸地防衛力量下，幾十公里的範圍，台灣有太多遠程攻擊手段可以使用，即使中國取得港口，要破壞也不難。

這表示距離的確是問題。解放軍部隊在距離大陸上百公里的地方，支援相當困難，若不清理掉台灣的防衛砲火，部隊不僅無法守住港口，連港口設施都會遭到破壞，等於後續部隊無法增援。蛇島的俄軍部隊非常少，都需要進行運補，不然無法守住，那麼登陸台灣需要百倍的補給量，中國要怎樣達成持續支援的目標，非常考驗後勤能力。

這又回到軍事上的基礎觀念：在沒有取得對台灣制空制海權下，發起登陸作戰無異於自殺。俄軍大型飛彈巡洋艦莫斯科號，就是在任務中遭到飛彈擊沉[18]，自此俄國黑海艦隊就遠離烏克蘭可能的飛彈攻擊範圍外。中國海軍雖更為強大，道理也是相同，處在台灣飛彈攻擊範圍內要毫無損失實在太難，想要把軍艦開進台灣岸邊協助登陸攻擊，風險更高。

更何況，登陸成功、占領港口又如何，烏克蘭陸軍依然有反擊能力。即使蛇島附近海空都被俄國掌握，俄軍登陸部隊依然被轟到難以長期堅守。換成台灣的情況，中國要確保到周邊所有砲兵跟飛彈部隊都全滅，不然怎麼保證港口安全無疑？

所以萬船齊發能成功？除了上述的因素之外，光是台灣西部海岸多不適合漁船登陸，就足以破解這種謠言，黑海相對台灣海峽可是平靜無波得多。

那麼俄國就沒有成功登陸的案例？倒是有，不過在台灣新聞引不起興趣。因為是在亞速海岸邊，俄國要早點圍攻馬里烏波爾，透過登陸艦從南邊海岸登陸，避免走北方陸路被截擊拖延時間，況且亞速海在那時對俄國來說非常安全，登陸運兵沒有風險。

也就是跟許多人想像的不同，俄軍並沒有冒著砲火搶灘的興趣，不管是亞速海還是蛇島，都是在取得完全優勢下才敢把船開上岸。理由也不難理解，運輸船在港口被擊毀，直接就塞住不動，後續運補支援之路斷掉，反倒更加危險。不確定是否在烏克蘭砲兵射程內，登陸艦艇實在太過脆弱。

就算要料敵從寬，我們也沒道理認為漁船比軍艦耐打，可以爬上消波塊。萬船齊發要能成功的前提，本就在台灣灘岸防衛瓦解之上。在國軍仍有大砲、火箭等長程投射砲火能力下，薄皮漁船就是會比標準軍艦脆弱。若走到國軍防衛砲火被削弱到足以使用漁船送士兵上岸……

那反倒證明，萬船齊發根本不能當作正規戰術使用，這是一個自證錯誤的謠言典型。

組艦隊的優點與缺點

再來，我們來檢視一下，俄國黑海艦隊遭遇到的困難。不難發現現代海戰需要艦隊組織，即使烏克蘭海軍幾乎等於零，俄國海軍依然無法暢行無阻，在現代反艦飛彈威脅之下，沒有特別的必要，俄軍都不會靠近烏克蘭海岸。

莫斯科號為何會沉沒？說白了就是落單。軍艦執行任務的能力有上限，可用電腦處理器來類比，若效能太低又一次打開一百個視窗，我們都知道會當機給你看。也就

18 黑海艦隊旗艦莫斯科號就這樣被擊毀了：
https://www.theguardian.com/world/2022/may/05/us-intelligence-russia-moskva-ukraine

因為如此，莫斯科號同時處理其他任務時，就漏掉了烏克蘭發射的海王星反艦飛彈。這並非說莫斯科號性能太差，而是戰爭本就無絕對，缺乏艦隊編制的單一艦艇，很容易遭到飽和上限的攻擊。

所以正如台灣有些人所說，俄國的莫斯科號就這樣挨了反艦飛彈沉沒，可見現代軍艦很難對抗飛彈？這是事實。但這事實並沒有那麼簡單，莫斯科號的確被兩枚海王星反艦飛彈擊中，但照片出爐後讓大家發現，破壞威力並不大，莫斯科號仍然浮在水面上好一陣子。而對比莫斯科號的噸位數一萬兩千噸，故得出解放軍其他的軍艦，皆有抗擊一發以上的能力。

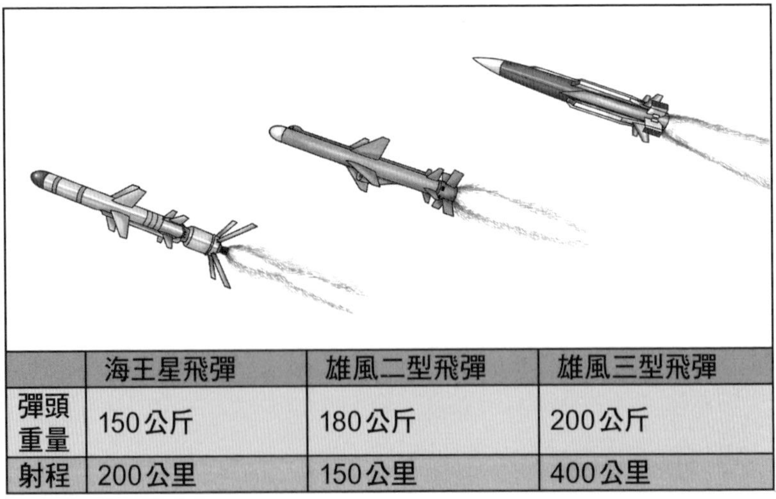

	海王星飛彈	雄風二型飛彈	雄風三型飛彈
彈頭重量	150公斤	180公斤	200公斤
射程	200公里	150公里	400公里

軍艦被飛彈擊中後的效果，端看打到哪裡。我們在討論莫斯科號時，都會注意到被擊中的位置，像是否在水線上，哪個地方被打到，造成的損耗如何。以海王星飛彈的彈頭約一百五十公斤來說，對比台灣雄風二型一百八十公斤略小，雄風三型約兩百公斤。雖說還要看飛彈速度等其他因素，硬要說雄風系列對解放軍軍艦造成的損害差不多，也不是不行。

最接近事實的說法，應該是莫斯科號被擊中後，沒有沉沒也處在癱瘓狀態中，以軍艦的戰力來說就是不行了，換成解放軍軍艦亦然，若是上層雷達部被擊毀，防空就等於失能。所以重點並不是在能不能被飛彈擊中還能撐住，而是整支艦隊的防空攔截能力夠不夠。一支艦隊中的船艦沒有沉半艘，但都被打到漂在水面上，哪還有作戰能力可言。對莫斯科號的討論，通常會回歸到損害管理，以及軍艦的接戰順序、任務處理能力，還有為何放單獨一艘軍艦在海岸，是否過度輕敵。

黑海艦隊給我們最大的啟示，莫過於現代海戰是視距外戰鬥，運用雷達早期偵測，使用反飛彈系統攔截來襲飛彈，鎖定目標後發射飛彈攻擊，每一艘軍艦都有偵測與同時攻防目標數量的上限。這就表示，要降低單一艘軍艦的風險，就是編組多艘軍艦的艦隊，放大整體接戰數量。

那為何俄羅斯如此輕敵？更大的可能是，維持整支艦隊出航作戰非常燒錢，而烏克蘭海岸又沒有什麼高價值目標，海軍變成就只是海上飛彈發射載台。但軍艦攜帶的飛彈射程有限，打擊遠處固定城市目標可以，想要攻擊戰場上會移動的目標困難。況且，多艘軍艦出航，一定會被事先發現，過於接近海岸，恐怕會成為烏克蘭集中攻擊的目標。

台灣有很多跟軍艦有關的軍事謠言，從黑海艦隊的情況，我們直接就能破解上百台軍艦排成大編隊進攻的傳聞。這不是艦隊編組問題，而是用途不對。從俄羅斯的情況我們可以了解，不使用艦隊的理由是沒必要，維護費又很高，出動軍艦得到的戰果跟風險不能並論。

同樣的問題放到中國解放軍身上，編組艦隊目的是什麼？主要的軍事謠言都沒有解釋，偏向一種「軍艦多戰力就強」的說法。如果編組數十艘以上的大艦隊，作戰展開的空間將達到數百平方公里，對台灣來說，確定目標在哪，要用陸基機動發射車發射反艦飛彈，從打擊外圍護衛艦開始，像剝洋蔥般癱瘓艦隊並不困難。

謠言往往把艦隊編組的戰力放大，卻不提艦隊展開後的距離，雖可相互支援，卻不是無限支援；防空反潛能力增強，代價是容易被發現，在現代戰爭中喪失先機，主動被敵方掌握，下場不會很好。台灣的軍艦類謠言，算是很典型的避重就輕，各種優點都拿進來，避談缺點後再擴大解釋的說法。

十四、巡弋飛彈沒有百發百中，火箭攻勢也無法鋪天蓋地

「巡弋飛彈與長程火箭襲台論」這兩款謠言也是在俄烏戰爭中被破解了很大的部分，只是相對來說比較不顯眼。也就因為相對不顯眼，謠言就沒多少變化，至今仍然是對中國衛士長程火箭的性能多所吹捧，強調巡弋飛彈的遠程精準打擊。

自從波灣戰爭中，美軍使用巡弋飛彈精準摧毀伊拉克軍用設施，經過媒體加油添醋下，巡弋飛彈好像變成神兵利器。在台灣的謠言中，巡弋飛彈就是一種被神話成「無法攔截」、「神出鬼沒」、「精準無比」的超級兵器。當然，由於中國也研發出巡弋飛彈，故在彈道飛彈攻擊中無法摧毀的目標，都可以透過中國國產巡弋飛彈一一加以破壞。

巡弋飛彈在過去，由於美軍歷年使用都大放異彩，給予一般民眾的想像，好像巡弋飛彈神通廣大，想打哪就打哪，攻台謠言中的解放軍巡弋飛彈，差不多就被捧到等同戰斧飛彈的程度。前面我們也提到，就技術上來說，俄國的戰術彈道飛彈精準度不

高，受限於無法取得高階電子零件，後期使用中國產製的效果也沒那麼好。

那麼，俄羅斯對烏克蘭使用巡弋飛彈的狀況如何？

真正的情況是，巡弋飛彈並沒有狂轟濫炸，不會隨便看到一台車就打，而是針對高價值目標，也是這款武器的真正目的。但其實際威力有多大呢？

巡弋飛彈的實戰案例

我們可以透過連結新聞網頁看看烏克蘭尼古拉耶夫（Mykolaiv）的足球場被巡弋飛彈擊中的狀況[19]。從彈坑大小與人的比例，進入土中炸開的範圍，很容易對比出來。看起來彈坑頗大，但也就是一般重型火砲的程度，以戰爭規模來看，這種破壞力稱不上是效果驚人。

再說巡弋飛彈的破壞力並不在於彈坑大小。

19 烏克蘭尼古拉耶夫的足球場受到俄羅斯飛彈襲擊的景況：https://www.thesun.co.uk/sport/23844014/abandoned-football-stadium-war-frontline-missile-crater-pitch/

巡弋飛彈的重點在於可以穿入建築物內部，把爆炸威力全部由建築物吸收。二〇二二年三月二十九日烏克蘭尼古拉耶夫城受到俄羅斯的飛彈襲擊，行政大樓被巡弋飛彈擊中，可以透過新聞網頁看到大樓受災的狀況[20]；對比敘利亞伊德利被彈道飛彈擊中的狀況[21]。我們可以發現差不多威力下，巡弋飛彈進入大樓內部引爆，跟彈道飛彈擊中外部造成的損害，可說一目了然。巡弋飛彈可以結構性的毀掉大樓，彈道飛彈則是剝掉外面一層皮。

那麼，我們就可以依此判斷，中國的巡弋飛彈一樣威力強大？那可不一定。

二〇二二年二月二十三日烏克蘭奧德薩港市，被俄國發射七枚巡弋飛彈攻擊，透過相片連結[22]，我們可以看到其中一棟建築物被襲擊，但飛彈射入此棟建築的角度不佳，沒有進到內部就引爆，效果就非常一般。此外還有建築本身的差異，不同建物的鋼筋水泥強度，也會大大影響巡弋飛彈穿入建築物後的爆炸效果。

例如：

可以見到位在烏克蘭西部的城市利沃夫的軍事指揮所受攻擊後的狀況，可見結構並不結實。❶

❶

❷

一棟位在基輔的住商大樓被俄國飛彈攻擊後，可以見到鋼筋水泥建物的損毀在上下左右樓層的範圍。❷

而一般公寓被攻擊後的狀況，明顯可看出並沒有太多鋼筋結構。❸

九層公寓被擊中後的狀況，可發現不管有無鋼筋，飛彈的破壞力受到侷限，結構強固下要炸毀整棟樓極難。❹

另外的情況，可以發現烏克蘭的公寓建築，鋼筋用量與水泥厚度，與台灣普遍建物比差別甚鉅。❺

總之，單純以台灣的角度論，我們的建築物強度都比烏克蘭的建築物

---

20 二〇二二年三月二十九日烏克蘭尼古拉耶夫的行政大樓在被巡弋飛彈擊中：https://www.themoscowtimes.com/2022/03/29/russian-strike-hits-government-building-in-mykolaiv-a77120❻

21 二〇一八年四月十日敘利亞伊德利（Idlib）受到彈道飛彈攻擊：https://www.telegraph.co.uk/news/2018/08/20/britain-stops-aid-funding-syrian-opposition-areas/❼

22 可從烏克蘭外交部（MFA of Ukraine）的X（推特）帳號上看到奧德薩在二〇二二年二月二十三日受到七枚俄國巡弋飛彈攻擊，文中討論的建築物受到射入角度不佳飛彈攻擊的相片請看：https://pbs.twimg.com/media/FRGJLxMXIAAqTq6?format=jpg&name=large❽

高太多，相同威力的巡弋飛彈，無法造成一樣的破壞效果。而且烏克蘭有太多案例可作整體分析，多數狀況均是如此，少數才有超過想像的破壞效果，我們斷不能以少數個案，去推斷台灣全體建築將會弱不禁風。

攔截巡弋飛彈並非難事

此外，一年多下來，烏克蘭宣稱攔截了俄國一半以上的巡弋飛彈，這當然值得懷疑，但從其他智庫的資料比對結果，三成的數量應是跑不掉。

這意思是，巡弋飛彈並非不可攔截。巡弋飛彈飛行速度較慢就代表守軍要找到並擊毀，難度遠遠低於攔截彈道飛彈，而且手段非常多。烏克蘭還證明，只要看得到巡弋飛彈，用肩射型的刺針飛彈就能擊落，兩者的交換成本非常划算。[23]

而要怎麼發現巡弋飛彈？一樣透過雷達或是目視。在烏克蘭平原上掩蔽少，肉眼都看得到。俄國使用的「口徑」巡弋飛彈，衝刺時可超音速，巡航飛行的速度約為零點八馬赫，使用防空雷達車加上防空機砲、飛彈，要擊落不到音速的巡弋飛彈並不難。用肉眼觀測，向後方傳遞訊息，交由飛行路徑上的友軍截擊，已經有案例出現。所以農場文宣稱的說法，巡弋飛彈難以防範幾近無敵，並不正確。

台海上方毫無遮蔽物，解放軍的巡弋飛彈更容易被發現，越早知道就越能提前因應攔截，飛彈的效力將遠不如預期。更何況，巡弋飛彈的優點是精準打擊、深入打擊，若國軍對重點建築做出防備，飛彈摧毀效果就會更差強人意。

---

23 下列數則新聞，烏克蘭使用了法國響尾蛇攔截系統、蘇聯時期製的個人攜帶式短程飛彈、德國獵豹式防空機砲，甚至用機槍都能打下來。尤其是到了二〇二三年，烏克蘭幾乎每天都有擊落報告，證明巡弋飛彈並非不可攔截，而且也不是非常困難。顯然在遍地有防空武器，且有心理準備的國家，巡弋飛彈的效果非常值得懷疑。

法國「響尾蛇」在一次失敗的嘗試後擊落俄羅斯飛彈：https://www.eurasiantimes.com/new-makes-live-kill-in-the-ukraine-war-destroys/❶

烏克蘭軍隊使用 Igla-S 便攜式防空飛彈摧毀俄羅斯巡弋飛彈：https://www.eurasiantimes.com/ukrainian-troops-erupt-in-joy-after-blasting-russian/❷

防空部隊用機槍擊落飛彈：https://english.elpais.com/international/2022-12-19/ukraine-hails-new-war-hero-after-anti-aircraft-unit-downs-missile-with-machine-gun.html❸

烏克蘭軍隊使用德國高射砲擊落俄羅斯巡弋飛彈：https://www.forces.net/ukraine/footage-appears-show-ukrainian-air-force-shooting-down-russian-missile-using-german-gepard❹

烏克蘭士兵用手提防空系統摧毀俄羅斯巡弋飛彈：https://taskandpurpose.com/news/ukraine-manpads-video-russia❺

❶ ❷ ❸ ❹ ❺

此處另一個重點在於：解放軍若使用巡弋飛彈，發射載台是什麼？用陸地發射車表示距離台灣一百五十公里以上，換算下來巡弋飛彈飛行時間將近十分鐘以上，從發現預警到做好準備，國軍並非來不及處理。若由空中的轟炸機，或從驅逐艦發射，離岸較近才能發揮其令人措手不及的效果。然而使用不同載台都要有條件，並非有設備就一定可以用，也不是可以用就必定有效。

巡弋飛彈當然是現存的巨大威脅，但絕對不是毫無辦法。烏克蘭戰事充分證明，即使科技水準略低於人，透過優秀的戰術部署，就可以將這類戰略武器的效力減半。

長程火箭有一好沒兩好

至於長程火箭就更不用說。俄軍使用火箭，從來就不是打擊大型裝甲目標，而是透過大範圍的軟性殺傷效果（指破壞力不大的襲擊，主要針對人員跟沒防護的輕型車輛），擴大戰場優勢。以實際戰況而言，用來壓制烏克蘭守軍，讓俄軍能用步兵突破攻占陣地，才是最有效的手段。

且俄軍在後期的城鎮戰極少使用大量火箭，理由很清楚：水泥建物對於抗火箭破壞很有效，既然威力低的火箭無法破壞烏克蘭駐防的建築，那還不如回到傳統火砲攻擊。至於有沒有鋪天蓋地，宛如世界末日般的地毯式轟炸？沒有。火箭就算便宜也是錢，不會拿來對城市亂丟一通。[24]

中國號稱有長程火箭彈，在《阿共打來怎麼辦》中提過，距離跟裝載量是有比例的，射程超過上百公里，火箭的推進部位就要變大，要一次海量壓制就有難度。如果彈頭破壞力又要大，勢必進一步加大火箭體積，需要更多燃料，就更加不可能大量射擊。

有一好沒兩好，相同的推進力，就只能推動一定重量的東西，體積小數量大又可以打到台灣，並非不可能，犧牲破壞力就可以。不可能同時滿足「體積小」、「威力大」、「成本低」三要件。

用通俗的說法，就是想要讓一台車裝載量大，引擎馬力不夠就會跑不快，使用更好的引擎與強固的車身，價格就不會便宜，沒有神車可以同時滿足所有需求。

---

24 烏克蘭城市第聶伯羅遭到俄國兩輪大規模火箭攻擊，雖有損傷但顯然離末日場景相差甚遠。https://www.theguardian.com/world/2023/jan/14/russia-carries-out-two-mass-rocket-strikes-on-ukraine-killing-at-least-five-people

總之，巡弋飛彈跟火箭都是威脅，軍事武器沒有不具備威脅這種事，端看在哪裡使用、什麼時候使用、對何種目標使用。依據上述條件，防禦方也可以採取不同的對抗手段，絕沒有坐以待斃之理。

談論這些神兵利器，謠言散播者的一貫手法，就是擷取部分，並將操作背景和敵方的防禦手段都略過不提，秉持的邏輯為「擁有就代表能做，能做就表示成功」。而現在烏克蘭戰場還有成功率可以參考，俄軍發射的巡弋飛彈數以百計，火箭彈更是到處在使用，成效一定是有，只是效果到底多好，性價比多高，謠言從不會跟你說明白。

而這些巡弋飛彈跟火箭攻擊，可以衍生出另一個被驗證的事實，現代建築的抗炸能力超乎想像得好，這在第四部我們將會一併解釋。

車款	售價	引擎	變速箱	加速能力（0-100km/h）	燃油效率（市區/郊區）
賓士 C-Class	新台幣 1,880,000元起	2.0升渦輪增壓直列四缸引擎	9速自排變速箱	6.2秒	10.2km/L 15.4km/L
日產 Altima	新台幣 1,229,000元起	2.5升自然進氣四缸引擎	Xtronic CVT	8.4秒	11.9km/L 16.9km/L
本田 Fit	新台幣 670,000元起	1.5升自然進氣四缸引擎	CVT無段變速箱	9.4秒	15.8km/L 22.2km/L

■應該沒人會認為這幾款車都一樣吧，不同車款本就有不同性能，武器也相同。

十五、封鎖尚未成功，同志已不用努力

封鎖台灣的謠言到現在還是很經典，與其說謠言進化，不如說改成各種綜合劇本。傳統上宣稱「一兩艘船封航道」就搞定的謠言已經消失，現在都轉變成針對特定船隻封鎖，或是不解釋前因後果的大艦隊封鎖，至於水雷封鎖則是沒幾個人提。

那麼在黑海上是否出現封鎖情況，有值得我們探討的部分嗎？有的。俄國的確試圖封鎖烏克蘭的出口貿易，只是非常不成功。但理由比較偏向政治性，所以並非純軍事問題，也導致封鎖謠言還是可以變來變去，繼續嚇唬人。[25]

25俄羅斯在黑海實際封鎖的情況，也不是擺出艦隊去攔截：https://kyivindependent.com/borrell-russia-blocking-50-ships-with-ukrainian-grain-in-black-sea/

先談談俄國有沒有試圖封鎖烏克蘭。這當然是有，陸地上透過空軍跟飛彈攻擊，想要截斷鐵路運輸，只是都沒成功過。取得不了制空權的問題很值得我們討論，但就台灣的情況，我們分析一下為何黑海封鎖不成功的理由更為實際。

就環境因素而言，封鎖烏克蘭的效果並非著眼於石油生命線，而是糧食換外匯的管道，所以開戰初期搶占蛇島，其意義就在於扼守烏克蘭出海路線，使其出口斷絕。站在俄羅斯的立場上，既然不是針對能源生命線，而是換匯手段，就得要長期封鎖，讓烏克蘭失血才有意義。但在歐美國家無償軍援之下，經濟失血讓烏克蘭打不下去的效果自然無法顯現。再加上黑海封鎖的風險，若引發包含土耳其在內其他國家不滿，甚至連俄國貿易也阻擋的話就得不償失。

沒有走到這一步，更應該說是俄國很清楚狀況，僅有一陣子不讓烏克蘭穀物出口，後續引發的效應則大到俄國無法承受。理由很簡單，烏克蘭糧食影響全球穀物平衡，失去烏克蘭的生產量，全世界的價格都上揚，有些缺糧的國家甚至開始動盪，包含糧食組織與歐美大國，很早就做出因應，避免更大的全球失控。

更糟糕的是，海上運輸運不出去，改成陸地運輸往東歐國家倒貨，衝擊到波蘭、羅馬尼亞等地的農業，已經讓東歐國家限制烏克蘭的糧食進口。這種作法居然會被台灣有心人，作為另類封鎖成效的宣傳，讓人詫異不已。畢竟波蘭是基於農民生計才做出調整，但可沒在軍援上打折，而且人民都很清楚始作俑者是誰，反而加大讓烏克蘭從海路出口的壓力。[26]

所以，當西方國家施壓俄國，俄國很快就讓步。畢竟若完全不退，甚至攻擊烏克蘭船隻，那麼糧食缺口的波動，會引發其他地區不安，怒氣會波及更多原本不相關的國家。更重要的是，必須在歐美進一步制裁前退讓，不能給予更多口實而引發針對俄國的行動，尤其是封鎖俄國的對外運輸。俄國雖然很想透過聯合中國、伊朗形成一種內循環，但整體而言貿易生命線就是得通過黑海、波羅的海出去。

封鎖的軍事可能性並沒有完全被破解，反倒是國際壓力成真，俄國退一步，將謠言徹底粉碎。為何俄國縮了？因為殺敵一千自損八百，且若打死不退，那西方國家要找到理由加強封鎖制裁，擴大到民生領域，相對也比較有底氣。這一步退了，俄國一

---

26 各國對於俄羅斯封鎖烏克蘭由黑海出口糧食的反應都很直接，認為這將促成糧荒，沒有人認為這是合理的戰爭手段：https://www.atlanticcouncil.org/blogs/ukrainealert/putins-black-sea-blockade-leaves-millions-facing-global-famine/

般糧食礦物貿易，西方就沒有嚴格封鎖，避免波及其他無辜，反讓俄國取得些許國際支持。

俄國封鎖烏克蘭不成，難道中國可以？

以上的狀況放在台灣，若中國真的在南海採取封鎖策略，各位不難想見在政治上會引發的問題。俄國可是在烏克蘭出海航道上封鎖，烏克蘭也沒有打出外海的戰力，但台灣可以。非戰爭期間，中國開始對台灣封鎖，國軍一樣可以開艦隊出去對峙，解放軍不想升級就是丟臉撤退，要升級下去就一定會上升到開戰。

那還不如打一開始就摧毀台灣海空軍，要封就跑到港口外封鎖較有效果。

單純就軍事上能否達成封鎖效果的討論之外，以烏克蘭的情況來說，我們能看出全球化後各國降低成本的庫存策略，絕對經不起戰亂考驗。別說是彈藥短缺屬於軍事物資，其他所有的原物料成本都上升，沒有什麼項目不受到影響。

對台灣來說，俄羅斯封鎖烏克蘭的意義，目前來看都是在國際政治與經濟上，所謂的「封鎖不會造成國際壓力」絕對是謊言。烏克蘭對外出口的物資，屬於第一級產物的不少，以糧食來說沒有占到全球很大的份額，但在全球化市場下，產生了很大的槓桿效應。

原本全球化市場在追求利益最大化下，世界各地的物流運輸都在平衡中，沒有人會突然想囤個半年小麥，或找地方存幾千噸葵花油。烏克蘭出口一出問題，產生的是蝴蝶效應，長期向烏克蘭購買的國家恐慌了，讓國際期貨價格上漲，連帶影響全球物價。恐慌心理促使部分國家囤貨，這還連帶造成國際組織難以援助缺糧的非洲國家，可能引爆內戰。所謂的國際壓力最後指向俄羅斯，迫使其放棄烏克蘭民生物資出口封鎖，來自這種背景。

烏克蘭戰前的國際出口排行約在五十名上下，換作國際出口排行第十六的台灣，真被徹底封鎖，全世界會做何反應，大家可以自行想像。

第三部　無人機攻略

十六、整體而言，無人機比想像好用但沒有全能

傳統謠言裡，會出現解放軍改裝舊款殲六、殲七戰鬥機作為無人機，發起對台的飽和攻擊。這種謠言被改版多次。若我們翻閱新聞，不難發現中國是定期出現改裝試驗，但也僅止於試驗。俄烏戰爭中，沒有出現改裝現役戰機成為無人機的狀況，因為俄羅斯連「完全制空權」都沒拿下，只有「部分制空權」，再說也沒啟封大量老舊戰機。故我們能依此判斷，中國沒打算改裝嗎？其實還真的沒有，純粹是試驗性質。以前的理由還可以說是成本，現在則有更好的東西，那就是各種現代無人機。

嚴格來看，烏克蘭沒有類似的無人機戰役，可還是有能供我們參考的案例。在烏克蘭出現比亞美尼亞與亞塞拜然戰爭更為龐大的無人機運用，從中大型定翼無人機到四軸小型無人機皆有。

為何說這案例可以參考？大型定翼無人機，在定義上非常接近台灣改裝戰機謠言

中的版本，且在烏克蘭戰場上，雙方都有在運用。現在美軍使用無人機的狀況，已可以在大型無人機上掛載小型飛彈，不是僅僅只有偵察的功能而已。然而大型無人機在烏克蘭戰場的生存力如何？

大型無人機的生存力極差。

中大型無人機生存率不高

不僅是俄國的無人機，烏克蘭的無人機也是同樣狀況，而且連中型無人機生存性

■在搜尋引擎中搜尋「殲六」、「殲七」，搜尋欄位會自動出現「無人機」，可見這是最常被搜尋的詞彙，也可以知道謠言之氾濫。

也堪慮。俄國向中國購買的穆根5型（Mugin-5）商用無人機，改裝後投入戰場，在低空飛行時被烏克蘭士兵用自動步槍擊落[1]；烏克蘭向土耳其購買巴伊拉克塔爾TB2（Bayraktar TB2）軍用作戰無人機投入戰場，被俄羅斯擊落了數十架。穆根5型翼展五公尺，TB2翼展十二公尺，屬中大型無人機。

無人機非常講求使用環境。美軍可以使用全球鷹（Global Hawk，大型無人機）二十四小時滯空偵察，那是因為美軍遇到的對手，沒有高空射擊手段，更別說是對空飛彈。而在烏克蘭戰場上，大型無人機沒有存活空間，是因為雙方都有空軍、對空飛彈、高射砲的狀況下，因此前線部署的大型偵察無人機，容易被雷達偵測到，進而遭到擊毀。[2]

就連中型無人機，不管是定翼型或是四軸型，生存性也不好，理由跟大型的相同。即便是營級程度的需求，中型無人機依舊容易被高射砲擊落。或者說，中大型無人機在單兵防空飛彈滿地爬的戰場中，被看見了就是立刻發射擊落，真的活不久。然而這並非說中大型無人機是廢物，就偵察角度而言還是相當好用，但考慮到性價比，戰場又是瞬息萬變，要維持長時間的無人機在戰場偵察，耗損太大了。

無人機不夠好用的理由有三：一是中大型無人機的航速相對戰鬥機還是慢，一旦被防空系統鎖定，幾乎沒有存活機會。防空系統包括野戰防空飛彈、肩射飛彈、防空機砲等，烏克蘭戰場上有太多這些武器。二是功能受限——中大型無人機被設計出來的用途並非當戰鬥機，主要用在偵察上，在前線可以預測飛行來向，速度、機動能力都無法應付高防空強度的戰場需求。三是成本因素。無人機的設計就是以低成本為主，不用擔心飛行員死傷，沒有什麼匿蹤性能，加上體積又大，非常容易在高空被鎖定。或許有人說可以製造高成本、高性能的無人機，就現代科技是可以做到，但成本將會遠遠高過有人偵察機，失去無人機原本的低價、不怕損失等優勢。

二〇二二年中仍有中國改裝殲六等老式戰機的新聞，同樣沒有媒體去追這些新聞的後續，於是一般民眾的印象，就是中國有在做這件事。但這真的有用嗎？拿俄烏戰

1根據新聞報導，烏克蘭武裝部隊在東部擊落中國製造的無人機，聲稱是俄羅斯以民用無人機改裝成武器的最新例子：https://news.ltn.com.tw/news/world/breakingnews/4241933 ❶

2美軍全球鷹。在烏克蘭戰場幾乎沒有這種體積的無人機存在：https://zh.wikipedia.org/wiki/RQ-4全球鷹偵察機 ❷

❶ ❷

爭的例子來對照，不難發現狀況幾乎類似，畢竟無人機的系統都一樣，哪有大型定翼偵察無人機很笨，改裝的戰鬥無人機就會變得超聰明的道理。

這種改裝老舊戰鬥機的說法，不構成威脅，有以下原因。

首先，中國攻擊台灣的方向是確定的，老舊機型的燃料不足以繞行台灣一大圈，再從東部發起攻擊。無人機遙控訊號受限地球曲率，超過一百公里以上很難直接使用無線電控制[3]，長程控制需要用中繼站，使用中繼無人機在上空擔任訊號傳遞，在戰時無法使用，會變成容易識別的活靶。更高級的無人機，如美國的全球鷹，使用衛星訊號傳輸，要做到全天候即時控制，衛星的數量要夠多，而中國開發的北斗衛星數量仍不足，在戰時能否使用美國ＧＰＳ系統也不無疑問。更重要的是這種高級無人機的造價高昂，美國全球鷹無人機高達一億美金，這還不如拿去製造飛彈。

其次，台灣的防空系統遠優於烏克蘭，一望無際的大海上遮蔽物比烏克蘭平原更少，直直朝向台灣飛過來的無人機，必定會被早期發現，對台灣軍方來說就很好處理。

換句話說，這種改裝無人機的功能，最多用在消耗國軍的高價先進對空飛彈上。然而，台灣並非沒有對應的手段，為何一定要用最高昂的方式來處理？這其實得回到政治問題上來看，因為台灣民眾非常不希望本島處在戰爭狀態，以現狀來說必定要求政府讓「本島秋毫無傷」。

不然，依照烏克蘭的情況，這種明確是緩慢的大型偵察無人機，讓它飛到附近，用小型對空武器擊落就好。至於偵察，烏克蘭軍隊就是躲起來，不被發現就結了。在台灣到處都是建築物的情況下，為何要捨棄防守優勢，要求軍方在海峽上空擊落這些笨笨改裝機？

若我們進一步把跟改裝無人機性能相同的大型無人機相比，直接打造全新的無人機還比較省錢省事，何必多此一舉。

俄烏戰爭給世人最大的警惕就是，軍事需要嚴算成本，到後面都是消耗戰，沒有以上駟對下駟的道理。

小型無人機滿天飛，主要作為偵察功能

由於台灣人喜歡追新奇的玩意，使得無人機一直是新聞寵兒，導致在這幾年好像

---

3 只要無人機與地面站的相對高度足夠，距離兩百公里以上也可以直接通訊。

擁有無人機就是勝利鎖鑰。不少親中人士堅信，解放軍具有跨海操縱數百數千架小型無人機的能力，無視電子訊號傳輸的諸多物理限制。

所以，無人機到底好不好用？很好用，但並非新聞說的那種用途，像是把無人機拿去投榴彈，或是被吹噓過一陣子的彈簧刀無人機。

或許是新聞給予的印象太過強烈，在台灣似乎有人以為，小型無人機可以掛載榴彈，當作簡易投彈機使用，於是想像著台海戰爭時，解放軍會使用千百台無人機進行地毯式轟炸。

然而，烏克蘭戰場上現有的小型無人機何止千台，從台灣購買的可攻擊用無人機也不少，怎麼沒看過任何一部影片，如同謠言想像中的上百架編隊無人機，對著敵方戰壕精準投彈？

原因很多。像是無人機有訊號收訊極限，在有電子干擾的戰場上，小型無人機就不可能從遠端發起進攻。就我們所知的戰場片段，會從遠處偵照回傳資料，或是飛到敵軍小隊上投彈的，多處在單方面沒有無人機，也沒有反制手段的情況下。而我們也沒見到，在大規模戰場，或是前線激戰區域，有大量無人機出沒的戰況。4

雖然小型無人機在前線有很多辦法可以擊落，但價錢相對低，改裝也不困難，功能多樣化，用處就很多。在連排級（數十人以下）的戰鬥中，小型無人機用在陣地偵察、修正砲彈落點上，都有相當快速的效果。尤其是當其中一方沒有無人機，另一方有的狀況下，部隊的反應速度就差很多，往往是制勝關鍵。

在此也要修正一下新聞給予的認知。有些影片表示小型無人機攜帶簡易的榴彈，於高空投彈就如同打電動一樣。但反過來說，這也表示敵方這支部隊並沒有反制無人機的武器或小型雷達，且往往都是前線陣地混戰中的小支部隊。

在高強度的戰場上，雙方士兵數量很多，能觀測空中的人力也多，欠缺防護的多軸無人機，就算沒有干擾槍，也很容易被輕型武器擊落。而且無人機需要人去操作，激戰區域雙方駁火交戰中，操作一台無人機前進投

---

4 新聞上也是可以看到無人機投彈的相關報導，但通常能這麼寫意地投彈，也代表敵方沒有反制能力。
俄羅斯對烏克蘭發動無人機攻擊，多棟建築物被摧毀：https://www.indiatoday.in/world/story/russia-strikes-ukraine-drone-attack-2376619-2023-05-09❶
無人機攻擊俄羅斯轟炸機基地：https://www.bbc.com/news/world-europe-64092183❷
俄羅斯士兵接住並投擲烏克蘭無人機投下的炸彈：https://www.independent.co.uk/tv/news/ukraine-war-russia-bomb-drone-b2218974.html❸

彈，效率還不如手持榴彈槍、迫擊砲攻擊。

在此要多加說明，對無人機的認知在這有一個盲點：烏克蘭戰場上用來攻擊的，多為「穿越機」，意即速度增加、操控性強，與傳統上一般人認知的空拍無人機不同。我們常見的空拍無人機，強處在攝影，所以網路上流傳的影片多是這類，給人很強烈的印象，但速度太慢容易被擊落。現在用作自殺攻擊的改裝穿越機，速度快、聲音低、截面積小，目視不容易被發現，需要接近到十到二十公尺內才會被察覺。

這也算是一種倖存者謬誤。無人機雷達、成本低廉的攔截用武裝，在媒體注目外持續發展；但空拍無人機緩慢優雅的躍動，仍讓一般人以為，戰場上的狀況就是這些慢速機種飛到敵人上空投彈。

用小型無人機來隱祕偵察，在廣大的烏克蘭戰場上，有太多漏洞可以鑽，自然有很好的效果。一旦發現敵方落單小隊，或碰到試圖突襲的裝甲車輛，就能快速回報後方，進行有效的反制。這一點對俄烏雙方都一樣，並沒有誰比較會用，最大差別在於，烏克蘭有許多西方捐贈品，俄國相對則比較少，後期使用不少伊朗製品，偵照效能差了一截，故少見到俄國的無人機戰果。

我們不是在吹捧西方技術，而是伊朗見證者136（HESA Shahed-136）型無人機，經過烏克蘭研究殘骸後，發現無人機引擎技術最早來自德國，五十二個零件中有四十個是美國企業出品，其他十二個來自加拿大、瑞士、日本、中國和台灣，沒有一個是伊朗自己研發的，全都是透過空殼公司從第三方取得。[5]

無法單靠無人機便扭轉戰場

無人機看似好用，實際效果真的不如宣傳的好。像是開戰初期烏克蘭取得美國的「彈簧刀３００」無人機，為何幾個月後就沒見到像樣的戰果？理由非常簡單，射程十公里，重量二點五公斤，可攜帶的炸藥量太少，攻擊輕型車輛、油罐車、雷達車、人員快速好用，面對俄軍裝甲無能為力。

同公司發展的「彈簧刀６００」，射程則長達四十公里以上，可攜帶具有反裝甲能力的錐狀裝藥。聽來就是更好用的反坦克武器，烏克蘭也確實很想要，然而過了一年

5 CNN新聞報導伊朗無人機採用竊取的西方技術提供動力：https://edition.cnn.com/2023/04/28/world/iran-drones-russia-ukraine-technology-intl-cmd/index.html

還是見不到消息，是否仍代表宣傳效果大於實質？也不盡然，就跟反坦克飛彈並非發發有效一樣，若沒擊中坦克薄弱處就不會有太大效果。

我們的意思是，無人機確實改變了戰場形態，但並不是無敵神兵。台灣長期受到中國軍事謠言侵害，導致很多人都有某種「我們只要有了〇〇〇，那就一定可以打贏」的意識，忽略戰場上要有非常多的狀況配合。即使在雙亞戰爭中無人機大放異彩，也主要是用在砲兵觀測、偵察等任務上，且亞塞拜然相對亞美尼亞有更多戰爭準備，在無人機上幾乎是一面倒的優勢，與烏克蘭戰場上雙方各有擅場的情況並不相同。

中國若要使用無人機攻台，絕對不會如謠言所傳，「只」使用無人機即可，或搭配無人機就能讓部隊戰力翻倍。無人機的使用仰賴電子訊號，從烏克蘭戰況即可知道，存在電子干擾的情況下，中小型無人機的使用距離會受限制，大型定翼無人機在台海上空的存活率不高，只有解放軍登陸上岸後才能有較大發揮。以距離論，金馬外島面對無人機的威脅大幅上升，這並不能直接衍生成台灣、澎湖也會有相同狀況。

我們該思考的是，反制無人機的手段很多，而且價格也不算貴，在台灣有距離優勢的情況下，該怎樣進行干擾讓中國的無人機戰力加成失去效果，而不是在那想著有無人機就會贏，沒有就會輸。

十七、雙亞戰爭的教訓與對台海的啟示

另外再以雙亞戰爭的案例談起。亞美尼亞與亞塞拜然於二〇二〇年發生區域性衝突，台灣有媒體將亞塞拜然的勝利歸功於無人機，好像亞美尼亞敗在沒有無人機的因素上。實際上的戰況是，無人機起的最大作用是偵察，讓亞塞拜然在戰術運作上有更多時間，砲兵攻擊的修正更快。[6]

但亞塞拜然本來就在軍事準備上勝過亞美尼亞，坦克跟砲兵的質與量都較優，且取得了土耳其與以色列的無人機，比亞美尼亞自製的優秀。所以戰爭勝負並不出觀察

---

6 雙亞戰爭中的無人機運用：https://www.aa.com.tr/en/politics/azerbaijan-downs-armenian-drone-amid-border-clashes/1912943

家意料之外，大家重點多放在戰場的變化上，像是無人機到底怎麼運用。而無人機的效果出乎意料地好，尤其是在戰場偵察上大幅縮短回報時間，修正砲兵射擊誤差。但這並非決定性因素，因為亞塞拜然的戰爭準備，真的就比亞美尼亞好很多。

有了這類相關的實戰資訊，對各國軍方來說，無人機的使用圖像就越來越清晰了。較大的旅級部隊才有需要大型的無人機來進行戰場整體的偵察，且不會丟到最前線送死。小型無人機多用在陣地攻防上，偵察用多於攻擊用，搜索陣地資訊、確保我方進攻成功率，或是使用攜帶榴彈的無人機，偷襲敵方沒有防備的壕溝。且在敵軍欠缺反無人機設備的狀況下，進攻會有更好的效果。

目前俄烏戰場上，比較接近以量取勝。以大量小型可用的偵察無人機，盡量達成每個班排級單位都配備無人機的狀況，偵照或是改裝成偷襲都很好用。

台灣需要將無人機配發到部隊的班排級

回到台灣，這對我們的啟示，或許是先求有再求好，畢竟台海有一百多公里寬，對解放軍來說使用無人機會有訊號中繼跟頻寬問題。戰場越靠近台灣，台灣要電子干擾就更容易。這問題同樣要回到戰況來看，如果台灣主要設備跟軍隊都沒有損傷，中國想只用無人機進攻就是痴人說夢。登陸部隊搭配無人機雖然不錯，但一樣要面對若國軍已經廣泛配置反制手段，增益效果將會被抵銷的情況。

以目前國軍採購無人機的狀況來說，不難發現國軍沒有擺脫過去的思維，戰術偵察無人機的性能很可能無法達到想定的要求，更欠缺將無人機當成一般性設備的想法。若要將之列作標準裝備，以烏克蘭戰場來說，起碼要配發到班排級。也就是通常一個排有四個班，每班就得配備小型戰術無人機，在台灣是不大需要利用無人機來攻擊，但至少偵察功能跟滯空能力不能欠缺。

這代表我們得建立一個完整的無人機產業鏈，不能僅依靠一次採購去滿足。無人機當成消耗品，就得要有很多備品，包括電池與充電裝備，建立營級以上的維修廠，並有專門軍官負責。總之，軍方不想這麼做的理由，還是跟不想變革的習慣有關，舊有組織就算只是加入無人機編制，都會造成衝擊。

更何況，若建立整套完整的供應網，軍方就要有對應的組織。舉凡檢測無人機品質，抽檢零組件是否符合資安規定，都要有專門單位跟專業人員處理。依照國安要求，我們甚至可能要全部使用台灣產零件，成本將會高過目前世界上的泛用版本。

重新思考新形態的外島防衛戰圖像

但台灣也有發展無人機產業的優點。電子零件的生產對台灣來說並不困難，大型無人機（騰雲）需要較高端技術，中小型無人機若只要擔負戰場偵察，光學設備的要求就不會太高。再說高級的光學鏡頭生產國與台灣關係都不差，這會是可行的方向。以騰雲無人機來說，有四個掛架可攜帶中科院研發的萬劍彈，在台海周邊作戰有距離優勢。要說國產品質有待加強可以，說成一無是處就太過分，就算與美製品相比有落差，作為守方來說，打擊侵略部隊是綽綽有餘。

台灣國產的商用無人機就已經賣到烏克蘭了，沒有道理說台灣自產不可行。我們需要討論的是，應否建立一套完整無人機供應鏈，不僅僅是硬體，軟體跟傳輸各方面都要，還要有反制無人機的干擾設備，針對無人機用的小型雷達，再加上資安審核的單位，排除會被植入後門的中製電子產品。這當然會提高成本，但考慮到無人機的功效，放眼未來這可以考慮。

而對中國來說，無人機能很有效的用在外島攻略上。金門、馬祖等靠近中國大陸的沿海小島，距離實在太近，中國擁有電子干擾諸多優勢。就算台灣將小型反無人機雷達普及化，依照目前金馬守軍的數量，中國若要透過大量無人機作為偵照、騷擾，同時搭配遠程砲火壓制，將會很快癱瘓外島防禦。

也就是說，台灣若要守住金馬，防禦成本將會拉得很高。以往的戰場防禦手段，掩體、壕溝諸多遮蔽辦法，在大量無人機偵察下，將不再隱祕。對我們而言，可能要重新評估整體布局，思考下一個世代的外島防衛戰將會是怎樣的圖像。

而中國相當清楚，台灣本島的距離太遠，加以台灣本身的防空實力，中大型無人機恐難進行戰場任務，在外海遠距監控倒是可能，但效益就不大。小型無人機雖然好用，若沒有攻上本島，也很難就近展開，想透過上百公里的遠程操控，依照烏克蘭經驗來看是沒有用的。

無人機可以加強登陸部隊的作戰能力，但僅止於加強，而不是翻倍。況且這得要對照台灣守軍沒有無人機，或無人機太差才會成立。若這幾年台灣無人機普遍成軍配發至一般部隊，其加強效果就不再。

十八、軍用無人機的現實困境

無人機會有這麼多好用、不好用的特質，其實可以總歸結為「能量密度」的問題。

無人機的動力來源，主要是電池與燃油兩大類。小型無人機裝設電池，體積小重量輕，電池即可供應飛行盤旋的能量。而這類小型多軸無人機多半是採用螺旋槳，加上電池提供的能量有限，航程也會受到限制。要提高航程，就得使用燃油引擎，重量就會增加，整體的體積與重量上升，會讓無人機的飛行速度下降，也就得要提供更大的引擎、更多的燃油。

無人機就是飛行器，不會脫離物理定律，不存在又輕、又小、航程超遠、載彈量超多這回事。如果還得在無人機上加裝各種偵察、攻擊功能，就是增加載重、體積，需要提供更大的動力。

而汽油的能量密度，是鋰電池的數十倍。打金馬的確可以用依靠電池的小型無人機，但飛越台灣海峽的距離超過一百公里，只有搭載燃油引擎的無人機可以抵達。

另一個無法迴避的現實，是無人機的操控仰賴電磁訊號，而電磁波的強度與距離呈「平方反比」。無人機飛得越遠，控制電波強度要越大，也就是說以台海的距離來說，解放軍的無人機飛近台灣，台灣要干擾成功的機率也越高。

這意即，許多人想像解放軍可以在遠方遙控數百架無人機發動攻擊的畫面，基本上不存在。

要使用無人機攻台，最起碼也是要攻占澎湖取得基地後的事情，不然就是登陸搶灘用，或海軍利用船艦在海峽上作為無人機基地。

所以有人會有疑問，這些狀況在烏克蘭難道沒有嗎？基本上都有。我們極難見到操控上百公里的無人機攻勢，大都是控制幾公里內的小型攻擊無人機。現實已經演給我們看了，俄羅斯與烏克蘭雙方不是笨蛋，但在戰場到處都有小型火砲、干擾槍的情況下，速度慢的中大型無人機容易被擊落，小型無人機航程短，可以攜帶的炸彈威力受限，因此不存在絕對的優勢。

十九、解放軍無人機攻台的可能方式

不用說，一定要參考烏克蘭戰場的狀況。既然小型無人機根本過不來台灣，中大型無人機價格昂貴速度又慢，攜彈量也沒多高，不適合大量運用，那有什麼可以用的？有的，俄國向伊朗購買的「見證者136」，航程可以超過七百公里，攜帶彈頭約四十至五十公斤，採取GPS定位，價格只需要便宜的兩萬美元（約台幣六十萬元）。而且見證者的生產速度可以拉高，依照業者的預估，三個人一週可以製造一台，建造大量的生產工廠，對中國來說每週數百台量產並不困難。只是要採取這種戰法，要犧牲掉的就是精準度，見證者不能與巡弋飛彈相比。

為何見證者是成功的攻擊武器，甚至可以用來對付台灣？因為它的三角翼構型，搭配燃油引擎，可提供時速超過一百六十英里（約兩百五十七公里），與中國長劍10巡弋飛彈（時速可達八百公里以上）相比慢很多，但可以用低成本、高數量彌補。

見證者１３６的缺點也很明顯：可以攜帶的炸藥量不超過五十公斤，相當於恐怖組織哈瑪斯持有的中型火箭。威力可以炸毀民用車輛，損毀輕型裝甲車，對重防護型軍用設備，或是建造堅固的建築物來說，沒有太多傷害。

沒錯，俄羅斯使用見證者１３６攻擊烏克蘭，其實是當作政治武器，主要攻擊城鎮，打擊民心士氣用，鮮少用作前線攻勢。

理由很單純。見證者要事先定位，前線的軍用車輛不會一直停在定點，飛過去人家早跑了。而前線要阻擋砲火，防禦工事都以設計抵抗火砲為前提，無人機的載彈量沒有用。俄軍在前線比較常用小型無人機投彈打擊，或是採用遊蕩彈藥（自殺式無人機）。且見證者這種體積，在有密集防空砲火的前線，沒有太大作用。

這還不如利用其飛行高度可達四千公尺的特性，躲避地面砲火，若讓烏克蘭使用昂貴的愛國者飛彈防禦，那就算賺到。

要怎麼攔截見證者１３６？扣除愛國者防空飛彈這麼貴的方式，通常有兩種方式攔截。一是用地面防空火砲、小型肩射飛彈來處理。見證者這種無人機的飛行路徑可以事先設定，但無法躲避砲火（便宜就是這樣），烏克蘭的防線夠寬廣，就會有部隊處在飛行路線上加以攔截。另一種是在城市周圍定點架設防空機砲，畢竟見證者無人機目的若是城鎮，路徑設定再怎樣繞圈圈，總是會衝向某個目標。

二十、台灣可用的應對方法

坦白說，中國若要採取這種中型無人機海量式攻擊，就不是純粹的軍事問題，而是國際政治災難。

見證者這種無人機被證明好用，是因為成本低廉，只要投入夠多人力，產能可以提高。但這也注定攜彈量有限制，若要提高破壞威力，那就得加大整台無人機，目標更顯眼，價格當然也變貴。

故拿來打軍用設施不大適合，因為破壞威力不足，對台灣軍方的傷害性很低。更不要說是攻擊會到處跑的軍用車輛，國軍的雷達從發現無人機飛過來到接近台灣上空，時間都夠讓車輛跑好幾公里遠了。若要將之改裝成可以遠距操作，隨時更改目標，又會遇到電磁訊號強度以及成本飆升的問題。

衡量性價比，見證者最好的用途就是海量攻擊民用設施，以摧毀民心士氣為主。

以台灣的建物來說，鋼筋水泥強度算排世界前段，想靠見證者類的無人機海破壞城市，非常不現實。但要破壞電力輸送、淨水廠等基礎設施運作倒是沒問題。大量無人機攻台，瞄準民用目標，對國軍而言最大的麻煩在於，從雷達上判斷速度與高度是無人機，那我們要拿飛彈去攔截嗎？

依軍事考量，這種破壞力低的是不需要攔截的，對城市造成的傷害，都在消防隊與戰時組建的民防組織處理能力內。但在政治上，民眾可以接受不攔截這種傷害性不高的無人機攻勢嗎？我們是高度抱持懷疑。

再說，針對民間設施的大規模無人機攻擊，已經算是國家級恐怖攻擊。台北市又不是加薩，民房不會到處都有軍人躲，攻擊純住商區的意義在哪？連俄羅斯攻打烏克蘭時，飛彈打到民宅大廈，都會表示算誤擊，或硬說這棟房子是軍用。中國對台灣城市採取這種戰術的意義，很有可能在國際政治上是災難，給予他國介入的藉口。

真要攔截也不是不可能，只是民眾要能夠接受，在城市的高樓處架設防空機槍，交由後備或是第三線守備隊操作。在城市高樓上，以及周邊的丘陵高處要大量架設防空機槍，並不會很困難。況且台灣面積比烏克蘭小，也就是說要是中國採取海量無人機攻勢，攻擊方向很確定，預警時間充裕，我們有充分準備下，是可能將破壞降到最低。

但前提仍然是政治性的，我們民眾願意接受這種準備方案嗎？至少到當下這個時刻，多數民眾仍然相信，我們拿一枚上千萬的防空飛彈去攔截幾萬塊的無人機是很合理的。

然後就直覺地認為，防空飛彈可以被無人機消耗完，接著就等著挨打。

似乎沒人想站在軍事角度去思考，野戰防空的建立，或是透過民防的提升，其實就能解決這些思考矛盾。

單純只想不要影響到我，那就很容易被敵人牽著走。

二十一、從台灣民間做起

早期無人機的發展，台灣無疑領先中國，但隨著時間過去，中國加大投入在無人機領域上，台灣的優勢已經不再。但這個優勢，是市場上的算法，純粹只看技術，台灣並沒有比較差，如果我們願意花兩三倍的價錢，要扶持純台灣製造的無人機廠商，完全沒問題。

這其實也是一種無奈，台灣市場就真的比較小，而且法規限制比較嚴格，加上中國算以國家力量扶持大疆等廠商搶奪國外市場，俄烏戰爭前可說世界上的商用無人機就是中國廠商天下。

但是，美國已經在軍方使用上開始限制中國產品的進入，就算大批購買大疆無人機的烏克蘭，也是買回去改裝，不會直接用。因為中國的無人機可說幾乎直接把後門寫在程式裡，直接使用就是告訴大家你的部隊在哪，這也是俄烏戰爭早期雙方都在指責洩密的理由，純粹是中國的生產邏輯不大一樣。[7]

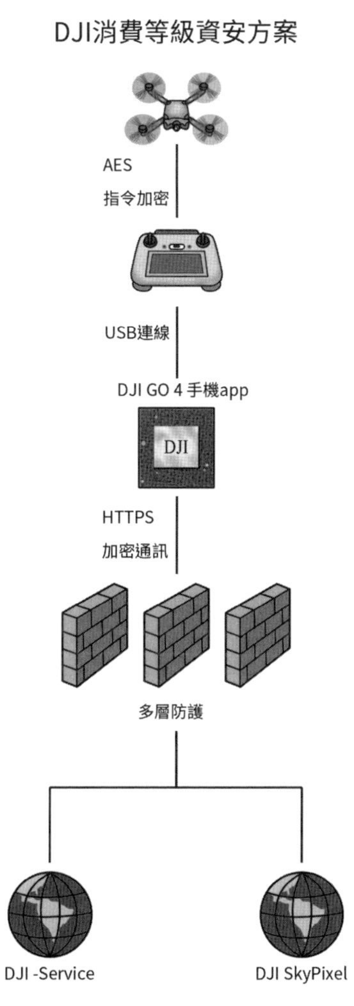

■大疆DJI商用型無人機資料後送路徑，資料都傳回大疆。

7 補充說明：此處兩張大疆無人機資訊的後送路徑圖為二〇二〇年的資料。因為伺服器都架設在中國，被美國批評，公部門還禁止大疆，也提高稅率。後來大疆做了修正，但截至二〇二一年還是如此，不確定現在是不是民用無人機資料還全部回傳中國，但依照中國國家政策，這些資料都會被要求收集。

另外，美國已經全面禁止軍用大疆無人機，川普執政時期推動Blue UAS Cleared Drone List (https://www.diu.mil)，只有在清單中的才可以採購，這可以當作台灣未來的發展方向。由於商用市場無法如同軍事用途這樣規範，目前大疆的市占率還是很高。

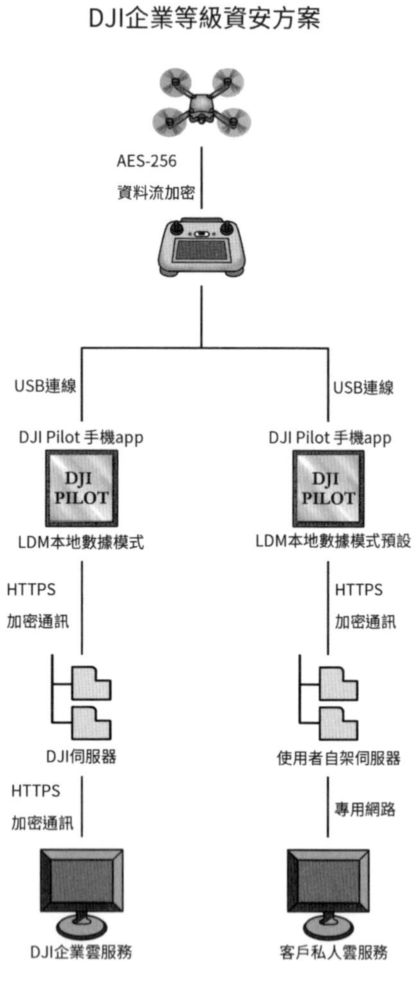

■大疆DJI業務型無人機資料後送路徑，資料可以選擇不送回大疆。

回到主題，台灣需不需要建立自主的無人機產業？非常需要，這已經不是錢的問題，而是花錢買國防自主。現階段已經有國內無人機廠商將產品賣到烏克蘭，而且使用上也沒什麼狀況，沒道理台灣做不到。

現在的問題是，民眾對無人機產業的理解不夠，常常陷入軍方就得要專案購買的盲點。以烏克蘭的例子來說，多得是購買商用無人機，經由前線有相關專業的士兵進行改裝，根據戰場情況去調整。按照我們的狀況而言，小部隊即可使用的無人機與反無人機雷達，對第一線而言更實用。

以台灣的狀況來說，就是開放軍方可以依需求購買，要求廠商進行調整即可。這些都需要經驗，若繼續固守傳統的軍用品採購方式，狀況只會越來越糟糕。

更糟糕的是，國軍似乎沒有想要建立無人機專責軍士官，而是要求現有的人員去承接，這不就是多個設備負責人罷了，而不是把無人機當成下一個世代的必備品！

變通的思考、靈活的應對

台灣已經沒有要反攻大陸，也沒有烏克蘭面臨龐大俄軍的壓力，在這情況下，民眾跟軍方似乎都抱持著照抄現有俄烏戰場模式的思考，這滿不可思議的。

以無人機來說，我們的需求是偵察，或是作為反登陸用的自殺型武器，甚至可以觸及遠一點，打擊海峽上的船艦。航程一小時內的可以作為前線部隊的戰場偵察（舟波換船的地點離岸大概是三十到四十公里處，視台灣防衛強度可能更貼近岸邊），也可以採用VTOL（垂直起降）固定區域巡航的方式。中大型無人機的需求真的沒那麼多，台海戰爭一旦爆發，至少在台海上空不大可能有這類慢速無人機存活的空間。

在這方面也可以轉變思路，既然見證者的類型好用，那為何我們不自己做？目前澳洲已經用紙板做出短程自殺型無人機[8]，那台灣為何不能也自行發展，甚至用PS發泡板來設計製造？反正我們目標是打擊登陸船隊，成本低廉、發射簡單、數量夠多才好用。且這種無人機不大需要精密電子儀器，軍方可以視作如迫砲型的武器大量採用，迴避當前的採購困境。

俄烏戰爭還在持續，軍用無人機的方向倒很清楚，除了財大氣粗的美軍，其他國家都走向了輕量、便宜的路徑，並不是沒有理由。

而這些非常仰賴民間的投入，我們需要的是靈活的應對。

---

8 澳洲紙板無人機投入烏克蘭戰場，價廉能投彈利消耗戰：https://def.ltn.com.tw/article/breakingnews/4229835

第四部　中國如何從俄國教訓中修正戰術

俄羅斯入侵烏克蘭後，許多謠言遭到無情破解，然而解放軍也是會學習的，國軍當然也會。所以透過俄烏戰爭，中國或許會得到什麼啟發，並依此制定新的作戰方針，設定新的戰術嗎？

當然會有，畢竟師承的俄製武器弱點一覽無遺，從生產端到使用端皆是，這也使得解放軍想站在既有基礎上，做出有效的徹底修正還滿困難的。這場戰爭最無情的，或許是打破科技萬能的想像。開戰一年後，在軍事上幾乎回到兩次世界大戰的打法，經濟與社會的動盪，跟第一次世界大戰前的狀況簡直一個模子出來。

或許，先進武器之所以很神奇，都是建立在使用者是美軍，以及系統化現代作戰只有美國玩得起吧。這讓我們想起在中國已經被習近平清算的劉亞洲將軍，在波灣戰爭後對美軍的評價，與如何推動中國軍事改革的努力。

然而，劉亞洲等改革派所努力進行的，是一場對外侵略的戰爭嗎？不，當初解放軍將領被波灣戰爭驚醒後，一直在做裁軍精實，往防衛固守的方向前進。只是經歷許多變化後，中國還是走向了「日本之路」，大大偏離初衷。

何謂日本之路？

第二次世界大戰前，日本對於國家安全的看法是建立生存安全圈。由於對外貿易、能源的海運生命線，往西要通過南海經麻六甲海峽進入印度洋，往東則是通往澳洲。若要取得國家的絕對安全，則必須擁有工業所需的各種原物料，包含石油、橡膠等，而這必然侵犯當年西歐國家的殖民地，將與傳統盟邦英國為敵，接下去就是與美國對抗。

既然遲早都要對抗，不如早點做準備。整套大東亞共榮圈的構想，南向方面從台灣出發，先是菲律賓，再來是印尼與馬來亞。往西進入印度洋，往東前往新幾內亞，朝向所羅門群島，切斷美澳聯繫後，攻占澳洲，就能逼迫美國退回東太平洋。而要達到這個目標，首先要做的就是大幅擴張海軍。

除了細節不同，中國在這二十年的發展，完全走在相同的道路上，與毛澤東建國之初設想的陸地防衛固守大不相同。而結果會不會一樣我們不得而知，但相關國家都在做準備，不讓第二次世界大戰歷史重演。

中國的軍事擴張絕不是滿足於取回宣稱的疆域這麼簡單，而是國家安全思維停留在殖民主義年代，為此解放軍對於俄烏戰爭戒慎恐懼，沒有宣傳上這麼樂觀。

接下來，就讓我們探討，在俄烏戰爭後可能發生的修正情況，以及台灣相對應能採取的措施。

這將大大有助於我們對現代戰爭的理解。

二十二、後勤依然決定一切

傳統上討論兩岸戰爭，謠言往往執著在短期決戰，不讓後勤討論成真。然而俄羅斯入侵烏克蘭，暴露出好幾個無比現實的後勤問題。

1. 後勤難度在國境內外會完全不同。
2. 入侵規模與後勤需求成等比級數成長。
3. 短期決戰與長期消耗戰的備品需求量差不只十倍。

從第1點來說，俄國犯下的最大錯誤，就是錯估了境內與境外的後勤能力。俄軍非常仰賴鐵路運輸，公路補給表現向來不佳，這導致俄國境內的集結很快，但進軍烏克蘭後補給速度就瞬間慢下來。

我們從俄國的營級戰鬥群（BTG）上，可以看出非常多值得探討的部分。以編制論，俄軍的營級戰鬥群類似國軍的聯兵營，與美國的聯兵營也類似，細究其支援單位編制，問題就來了。

俄軍的營級戰鬥群屬於固定編制，也就是組建了一個戰鬥群，當中的所有支援單位都會固定。而美軍的聯兵營屬於任務編組居多，依照指揮官需求可以臨時編制，其所屬的支援單位，表面上與俄軍一樣都是連級與排級，但車輛擁有數與防護力不能相比。因為臨時編組下，美軍進行任務的聯兵營，其支援單位本就屬於旅級，加上美軍後勤能量雄厚，自然支援前線戰鬥的能力遠優於俄軍。

說白話些，進行作戰任務時，美軍的支援車輛數量是俄軍的好幾倍，考慮到背後更加龐大的後勤能力，讓美軍的前線油彈補給十分充沛，俄軍前線則常處在匱乏狀態，即使後方還有足量的物資，輸送能力跟不上。

這也不能說俄軍就很弱。在過去與喬治亞的短期戰爭中，僅使用幾個戰鬥群進行攻勢。由於進攻規模小，要調度其他部隊的支援車輛簡單，進行短期決戰毫無問題。此外，營級戰鬥群的規模也很利於不同作戰任務，搭配調派適合的部隊組成攻擊軍，不會太過龐大到無法調動，也不會小到沒有戰力。過往的成功讓俄國高層忽略，這種編制可以適合特定的戰場環境，而不是整個烏克蘭。

因為，俄國出兵喬治亞，陸軍數量約一萬五千人，而入侵烏克蘭的數量估計十六萬人，相差十倍以上。

後勤運補準備得跟上戰事規模

全面入侵烏克蘭的規模完全不同以往，每個營級戰鬥群都有自己的後勤需求，加上平行的戰鬥群單位指揮官層級相同，沒有上級指揮的命令，也無法輕易調度。而俄國的後勤總能量遠低於美國，又需要把物資攤平到大型戰場每一處，平均下來每一支部隊可獲得的支援能力自然低落。

極端點說，美軍支援車隊遇到伏擊，十輛卡車損失一輛，還有九輛可運補，俄軍五台損失一台，只剩下四台。然而前線需求量如果是五台，美軍可以滿足今日所需，俄軍得要來回多跑一趟。這個簡單比喻可讓我們理解，支援車輛不足，在烏克蘭戰場上為何對俄軍是致命的，因為只要補給車輛被摧毀一台，少了百分之二十的燃油，可能就會讓前線部分坦克失去半日的用量，同樣的情況在美軍身上就不會出現。

公路運補既然是短處，那就該用長處補足吧。俄國是想依照鐵路路線進攻，但這畢竟會限制手段，反過來說就是想透過鐵路當作運補工具，可用的補給點非常少。再說，烏克蘭也知道這盤算，用敵後部隊去破壞鐵路，就會遲緩俄軍的後勤。更別說，俄國入侵後，烏克蘭開始改變鐵路軌距，除了接軌歐洲外，軍事上也斷掉俄國進行大量補給的可能。於是戰爭到了中期，俄軍就算能取得一時進展，鐵路也不能立刻運用，繼續拖累已經不足的後勤。

進攻他國國土，在哪裡設立物資的補給站，是非常頭痛的。一般來說，公路交會的城鎮最好，有利於道路大量車流運輸。這會遇到的考量是，如果一個「易攻難守」的小鎮要當臨時補給點，對另一方來說反攻也同樣容易；若是「易守難攻」的據點，光要打下來就很麻煩，在求速攻的情況下硬要打就是浪費寶貴時間。

對俄羅斯來說，烏克蘭的軍事裝備多為前蘇製系統，理論上可以共用，所以進攻奪取並非不可行。實際上這種「因糧於敵」的作法難度很高，烏克蘭部隊後撤時能破壞就破壞，極少留給進攻的俄軍，大型油彈補給基地更是不可能隨意讓俄國奪取。所以針對那些覺得解放軍攻上台灣後，糧食彈藥通通可以就地取得的說法，大家聽聽就好。

更不要說，台灣跟中國的武器彈藥幾乎不匹配，境內境外的差異更大，代表中國侵略時幾乎一切都要自行攜帶。這意思是帳面上的登陸人數，都要打很多折扣，不然光只有人卻沒有彈，登陸部隊怎麼打仗。

以美軍兩次波灣戰爭的行動來說，大型運輸機天天往返，大量的卡車於前線來回川流不息，二十年前的影片都可以看到，遠超過物流公司忙碌的後勤作業。俄烏戰爭呢？只看到長長的俄軍車龍停頓，卻沒見到如螞蟻般忙碌的運補車，在在顯示俄軍的後勤能力根本是悲劇。

以往俄軍作戰看不出來補給上的不足，是因為規模小。入侵喬治亞時，俄國部隊透過鐵路非常快速地集結，進攻南奧塞梯後沒幾天就擊敗喬治亞部隊。雖然仔細分析後，可以看到俄軍攻入其他鐵路線外的速度就變慢很多，通訊狀況也很差，但相對弱小的喬治亞並非對手，後勤困境顯現不出。

面對中型國家的烏克蘭就不是這樣，戰爭一拖長，糟糕的後勤帶給俄軍的困擾最終變成災難。還記得戰爭初期，大量完好的坦克在路邊，被烏克蘭農民用拖拉機拖走嗎？俄軍把上百輛坦克奉送給烏克蘭，就是因為油料補給跟不上，孤軍深入的坦克部隊搞不清狀況，出於恐懼心理，士兵選擇棄車而逃，就不是怪事。[1]

這就是第2點的問題：攻打哈薩克只需要空降部隊繞一圈人家就妥協，喬治亞被打三天也只能讓步，但烏克蘭死守到底。從克里米亞事件後，在烏東就跟俄國打了好幾年的仗，烏克蘭士兵並非未經戰場的菜鳥，超過二十萬的部隊，大量的裝甲、砲兵部隊也不是擺設，就算坦克比較落後，但坦克就是坦克，肉身無法對抗。在安托諾夫機場爭奪戰中，俄國精銳空降軍面對的還是T64這種算老古董級的坦克，依然是被打到退出機場。

這表示面對太多要攻擊的目標，就得準備更多的彈藥才能應對。有人以為攻擊一萬人的部隊，跟攻擊兩萬人部隊的後勤補給差距，在彈藥上或許只有兩倍，而實際上完全不是這樣。

後勤準備不足就會變成消耗戰

因為戰場並非數萬人都擠在前線，前線可能是好幾個據點，每個據點數百人，後

1 俄烏戰爭初期這種類似的新聞可多著：https://www.upmedia.mg/news_info.php?Type=3&SerialNo=138777

方有數倍的後備部隊，要根據戰況去前面支援各據點。假設一個據點要花費上千發砲彈才能削弱三成戰力，讓我軍發起攻勢，可是敵軍一直增援，則我們每次千發砲彈都只能打掉三成對方戰力，實際上就是陷入消耗，最終得用數萬發砲彈，方能將持續增援到數千的部隊殲滅。

原先以為六百人用一千發砲彈就可以進攻，但人家每次都會補齊損失的兩百人，恢復到六百人，讓我軍數量不足以發起進攻。那麼，原本估算一千發砲彈可以發起進攻去殲滅這六百人的依據，就會變成只打掉兩百人。如果敵方增援十次，等於兩千人要用掉一萬發砲彈。一千對六百變成了一萬對兩千，後勤量在砲彈上就等於增加了三倍。

這還只是單單算砲彈，我方若持續進攻，就有其他人員跟子彈、糧食、醫療各種需求。敵方的總戰力膨脹兩倍，我軍甚至要準備十倍的物資量才能輕易獲勝；若後勤準備不足以一次擊敗敵軍，就會陷入消耗戰，長期來說就是變成第一次世界大戰的壕溝場景，累積數個月上百萬發砲彈，才能發起一次進展甚微的進攻。

拉回到台灣的背景上，我們可以直接把入侵作戰的戰力換算，若台灣只有一萬人的守備部隊，解放軍依照登陸侵略需求，要準備五萬人的進攻部隊。當台灣變成十萬人，理論值就要到五十萬。然而進攻會是波狀的，不可能五十萬人一次上岸，這就會陷入上面說的消耗，每一次消耗都只能減損部分國軍，敵軍的後勤物資準備量就會變成好幾倍。

具體數量要去精算，但以比例論，打個概念上的比方，就是準備五十萬大軍，得預期要有三百萬部隊的後勤需求。如果台灣防禦很差，只有一萬人呢？那就是五萬軍隊，後勤需要二十萬人的需求即可。

我們要明白，侵略的後勤需求會根據部隊規模跟要進攻的目標數量，呈現等比級數般的上升，就會知道我們多準備一分，相當於中國要準備十分，很快的就會上升到中國國力無法負荷的程度。

而第3點也是我們要思考的，戰爭若走到長期階段，一切都是消耗戰，那麼需求量就不會只有軍備物資，連帶全國的工商業生產都會受到影響。進攻方消耗比防守方大，但這是在戰線上的維持。以中國跨海攻擊來說，短期作戰若失敗，既無法擊垮台灣守軍，台灣也沒力氣反攻回去，就僵持在某條線上。

例如，登陸台南的解放軍就只占有安平一帶，卡在市區周邊動彈不得。那麼，解放軍要維持進攻部隊不被消滅，就得投入數倍以上的物資，才能維持戰線，不被國軍推回大海。這很困難。一支卡在台灣岸邊的孤軍，不管是用飛彈癱瘓必要的橋梁道路，無懼台灣防空車輛的打擊，持續用空軍空襲國軍裝甲部隊，甚至將軍艦盡量駛近台灣岸邊，冒險讓飛彈打擊陸地目標的時間縮短，並持續用登陸艦供應前線彈藥，送上更多生力軍，這以跨海的後勤難度論，我們算十倍以上的消耗量都不為過。所以各位讀者應該明白，取得港口與否，對於跨海運補來講的差異有多大。

俄烏戰爭是估算若發動戰爭後勤需求的最新案例

對解放軍來說，透過俄烏戰爭的實例是重新估算侵略台灣所需後勤的絕佳機會。以往的計算都是理論值，畢竟波灣戰爭後，地球上已經沒有可拿來類比進攻台灣的戰爭規模。舉凡彈道飛彈的實際破壞效果，反推每個軍事設施的攻擊需求；巡弋飛彈的效果有限，不能隨意濫射；彈藥消耗成千上萬顆，平均才能消滅一個敵軍，所以面對多少台灣守軍，要預備多少子彈，又需要多少船隻……

對中國來說，從毫無概念可類比，這時至少出現一個能夠預估的範圍，就是好事。雖然對台灣來說，也不算壞事，雙方都能藉由俄烏戰爭，獲取彈藥油料的消耗數值，進而估算戰爭消耗。這或許也代表，有些原本看似不大可能的戰術，像是在台海制空權不穩固下，就要使用浮動船塢加大運補，避免強攻的登陸部隊很快失去戰力，就可能被列作考慮，畢竟損失很大與必然戰敗相比，燒錢還是能接受的。

而台灣也不能不當一回事，以為精算十倍損耗量，就好整以暇認為國防很輕易，我們社會真的不缺這種人，老想用最低的國防成本，以為就可以輕鬆應對，好將預算投入到其他非國防項目上。以解放軍的立場而言，要打仗就是要打贏，自然要窮盡可能手段，而在後勤上或許就會採取過去被認為不划算的作法，也得要支援前線部隊的戰力，撐持到後方支援跟上為止。這是我們看到俄烏戰爭的實例後，不得不提防解放軍會加以提升準備，必須要有跟上時勢的應對。

二十三、傳統戰術沒有過時

過去談論台海戰爭時，我們常發現支持解放軍有超強實力者，往往會提出各種精妙的作戰方法，有些甚至逼近謠言程度，忽略時空背景到非常極端的情境。但比較常見的論述，則接近於科技輾壓的態度，內容大概是中國有夠多飛彈就好，氣墊船能解決登陸問題，就地補給就能搞定後，反正有錢就有科技，有科技就能突破困境。

更有意思的，是偶而會遇到一些軍武迷，認為特定的武器具有打破現狀的「決定性能力」。好比中國的99式坦克一旦上岸，國軍的M60巴頓坦克就無法對抗，接著就是國軍如骨牌效應般的迅速倒下，解放軍登陸成功。這種論述，往往過度抬高中國的科技實力，像是把北斗衛星系統直接等同美國的GPS全球定位系統，但軍事衛星需要夠多數量才能達成戰場即時監控，衛星使用零件不同將會影響性能……這些差異都被無視，僅用粗糙的「你有我也有」一語帶過。

不過，我們比較憂心的，是太多一般人接收新聞看到的片段，相信「坦克無用論」、「直升機無用論」等各種ＸＸ無用論。這非常危險。戰爭是複雜的系統，每一款武器都要在特定狀況下才能發揮效果。好比俄國的坦克在烏克蘭天天被打爆，展現不出世界強國的實力，然而俄製坦克真的如此不堪？那烏克蘭自己的俄製坦克怎麼表現就不差。

現任美國智庫戰略與國際研究中心（ＣＳＩＳ）的退役美軍上校馬克．坎森（Mark Cancian）就表示，坦克不是只看性能，那只是眾多因素中的一個。在烏克蘭戰場，俄軍犯了很多錯誤，坦克駕駛員不足，訓練也不足，更欠缺裝甲、砲兵、步兵的聯合訓練，導致出現許多未受保護的坦克車隊，被引入烏克蘭布置的陷阱獵殺。除了基礎訓練時數不足，戰術上的設想也有錯，遇到不符合設想的戰場情況，指揮官往往不做調整，蒙受損失才邊打邊改。

舉例來說，俄國的坦克是在上個世紀以北約為假想敵所設計，設想的是平原大決戰，要求快速突穿北約防線，所以坦克的前方裝甲厚實，衝鋒機動力高。可以將其想成是特化攻擊力的持盾戰士，相對的就是側面防禦較差，在欠缺伴隨步兵的掩護下，很容易被側面擊破，或是被伏擊的士兵用反坦克飛彈擊毀。要是說現在的飛彈都是攻頂模式，所以俄製坦克已經無用，也是言過其實，因為北約的坦克一樣擋不住飛彈，只是西方的坦克設計在防護概念上較佳，受到飛彈攻擊後，不會引爆車內儲存的砲彈，讓整台坦克報廢，而可以拖回修理。

也就是說，如果烏克蘭開戰就擺出決戰陣型，打算與俄國在平原上展開坦克大戰來一決雌雄，現在烏軍恐怕要總崩潰了。然而現實世界中，烏克蘭很清楚俄國的優勢，壓根沒想過要打坦克大戰，而是把俄軍拖入城鎮戰跟陣地戰，依靠反坦克武器跟地雷，抵銷俄軍的優勢。

這才是軍事上的常態。正常人都想要避實擊虛，都知道正面硬撼非常不智，烏軍已經處在國力劣勢，更沒道理硬上。

從第二次世界大戰到波灣戰爭都在使用的傳統戰術並未褪色，尚有幾點值得我們參考：

1. 坦克沒有過時，依然是戰場上極有效的武器。
2. 單兵武器很有效，但不能全依靠它。
3. 地雷非常好用，大家都在用。

4. 對侵略方而言，城鎮戰比想像的要慘烈。
5. 兵力優勢一直都存在，以寡擊眾的成功案例極少。

第1點，坦克真的沒有過時，俄軍的坦克遇到像是反坦克飛彈（NLAW）的攻擊，鮮少會一發命中直接摧毀，多數情況下反裝甲武器會打不中，或是沒有打到頂部、側面等裝甲薄弱處，無法造成致命傷。這與飛彈射入角度、地形地物等等的配合有關，俄軍多的是坦克被打到三、四發後撤退的例子。

那麼為何有不少影片呈現俄軍坦克被擊中後，砲塔一飛沖天？部分的情況都是落單，或是進入烏克蘭布置的陷阱，被交叉火網攻擊，於進退維谷中被摧毀。當出現坦克對射的激戰，或是砲兵轟擊的大場面，個人反坦克武器不大會一直拿出來用，不僅因為太危險，同時還有煙塵各種因素影響，讓飛彈失準。想也知道，烏克蘭能拿出來的宣傳影片，多半都是好處理的落單敵軍，不然哪有閒工夫錄影存證。

有協同作戰的坦克傳統戰術較有效

使用坦克最有效的案例，通通都與傳統戰術相同，需要步戰協同（步兵與戰車聯合）、裝步砲協同（裝甲、步兵、砲兵聯合），也就是同時並用步兵、砲兵與坦克，而非單獨使用。在有坦克隨伴下的步兵，心理壓力降低很多，攻擊效率也高，對於維持戰線推進，坦克的功用並不會被取代。而在不少小型陣地的爭奪上，欠缺坦克掩護的步兵，即使有很多反坦克武器，也會在巨大的壓力下屢屢失手。這顯示一方沒有坦克，卻遇到另一方的坦克攻擊下，壓力很容易壓垮士兵的意志。

以巴赫姆特戰役中，在周邊小鎮的陣地攻防戰為例，烏克蘭只是使用了一台裝甲車，搭配機槍與火砲，就將壕溝中的俄軍步兵壓制到無法抬頭，直到被烏軍殲滅為止。[2]

以台灣的狀況來說，我們就是不能放棄裝甲部隊，認為主戰坦克笨重無效，只需要輕型高速裝甲車即可。在現階段，由於解放軍沒有任何一款單兵反裝甲武器可以正面擊穿M1主戰坦克，若台灣取得M1坦克，在解放軍搶灘登陸後發現M1向著登陸點反擊，解放軍士兵在心理上的壓力會高到破表。

反之，若是M60坦克或是勇虎坦克，因為還是有被打穿的可能，進攻方在心理上的負擔便會較低。畢竟「總還是有辦法」跟「毫無辦法」，兩者差距非常巨大，壓力會造成進攻焦慮。不論是俄軍或烏軍，常在單方面坦克進攻的情況下，大幅增加反裝甲武器的失手機率，尤其是遇到幾乎對抗不了的狀況，選擇逃跑的機會也會相對提升。

這對守軍來說也是同樣道理。有人以為我們坦克就是去衝海灘的，但現在海岸邊的樓房那麼多，若M1就躲在某棟樓房、倉庫下，連攻頂飛彈都打不到，即便解放軍的空軍想要臨空轟炸也沒辦法。那麼解放軍的登陸部隊會如何想？反之，國軍步兵則會有強大的安定感，擁有幾台「共匪絕對打不穿」的坦克在旁邊射擊，士氣只會高不會低。

其實就算沒有到M1坦克的程度，烏克蘭城鎮戰的案例告訴我們，有裝甲部隊協同步兵駐守的地方，抵抗效果總是比沒有裝甲部隊的地方高出很多。在城鎮中的裝甲車輛，多了鋼筋水泥建物的防護，對於從開闊地帶進攻的俄軍裝甲部隊來說非常棘手。

---

2 相關新聞可見：https://www.businessinsider.com/videoukrainian-tank-blast-russians-in-trench-backed-by-troops-in-ifv-2023-4

坦克主砲的威力的確可以近距離擊穿這些障礙物，但同樣也會降低擊中對方坦克的威力，且受到周邊建築物阻擋，砲兵轟擊的效果會降低，大幅增加進攻方的困難。

第2點，由於刺針飛彈跟NLAW（反坦克飛彈）大放異彩，導致台灣出現不少人認為，只要人手一管刺針，一切都可以搞定。這在理論上也不能說錯，但單兵反裝甲、防空飛彈的效能，被新聞放大太多了。

如前面所述，坦克遭到反裝甲武器的攻擊，其實沒那麼容易被打穿。防空武器也是，俄軍直升機躲掉的案例也很多，這不過代表在有心理準備的情況下，要降低單兵飛彈的傷害方法並不少。

我們應該把這看成應對的其中一種手段，而不是全押在上面。像是解放軍若登陸時有兩台中型坦克上岸，在守軍沒有坦克與之對抗的情況下，若擁有反裝甲手段，跟沒有的差異，將可能對初期戰況造成逆轉。以解放軍的立場來說，發現守備部隊只有機槍，其他反裝甲武器都沒有，必定加大推進力道；但若發現打來一發反裝甲飛彈，不管有沒有打中，都會讓進攻部隊投鼠忌器，保守推進以避免寶貴的坦克被擊毀。

又或者，我方的機械化部隊正在反攻登陸的解放軍，若步兵就持有反裝甲兵器，那麼正面由裝甲車吸引共軍坦克注意，步兵持反裝甲武器由側翼突擊，將極具效果。

簡單說，就是多了一種手段。以解放軍的立場來說，就不能不防備這一個側面小部隊，將可能對少數的登陸坦克造成毀滅性打擊。

把手段推到極致，就只算帳本，認為一台坦克的價錢可以買一百發反裝甲飛彈，所以人手一發飛彈而不要坦克，這完全誤解現代戰爭的複雜性。

布雷仍是現代戰爭極有效的防禦手段

第3點，地雷超級無敵好用，絕對不能自斷手腳認為布雷很奇怪又過時。俄烏戰場上，只要經營一處夠久，都會留下大量地雷。在烏克蘭平原上沒有地形阻礙，只能由人工布雷來設下障礙。

布雷的意義，並不是單純的殺傷敵軍，比較接近於控制戰場。

像是在城鎮大馬路上放置顯而易見的反裝甲地雷，俄軍遠遠看到就知道此路不通，只能派出除雷部隊。然而工兵一前進就遭到射擊，那麼俄軍坦克就只能在遠處朝著城鎮砲擊，或是放棄走大路，改向其他沒有地雷的地方前進。然而，這往往是烏克蘭設定好的獵殺區。各種反裝甲兵器不論，後方有砲兵的話，早就將這些獵殺區標定，等著坦克進入。[3]

這可以說是你知我知，雙方都知道這是非常傳統又好用的戰術。這種戰術有解決辦法嗎？當然有。工兵部隊有很多工具可以用，俄國還改變作法，把溫壓彈[4]拿去轟炸地雷區，高溫高壓下直接誘爆整區的地雷。烏克蘭也曉得這種作法，所以將這種可以大規模除雷的戰場兵器當作高價值射擊目標，一發現發射溫壓彈的車輛便呼叫砲兵，或是海馬斯遠程戰術飛彈優先打擊。

在台海戰爭中，地雷顯然不會放到廈門，可以肯定是在台灣上。在登陸地點附近放置地雷，尤其是反裝甲地雷，不管有沒有被解放軍發覺，都會對侵略行動造成極大阻礙。

再次強調，登陸部隊第一波都是輕裝，重點是搶快，不是一步步打陣地戰。若解放軍衝出灘岸後，發現自己身陷雷區，等同這支部隊被廢掉了。

倘若台灣在敵軍登陸發起前，各式各樣的裝甲跟砲兵都還在，不用懷疑那陷入雷區的第一波部隊，將會在高密度的轟擊下被殲滅。若不幸先被中國以飛彈打到半殘，或是被空軍釘住，國軍難以發揮裝甲與砲兵力量，光是附近的步兵，就可以圍毆這支進退維谷的部隊。

在城鎮戰中更不用說。登陸部隊若要衝入市鎮，在邊緣踩到雷區，就無法快速突入，將會給予城鎮的守軍更多時間射擊。地雷布得好，解放軍就只能選擇國軍設定的路線衝鋒，冒著槍林彈雨進入建築物內躲避。而這正好是解放軍最不希望發生的情況，在登陸初期就蒙受損失，導致後續擴大作戰無力。

除雷手段當然也很多，但解放軍身為進攻方，登陸載具容量有限，若台灣守軍有夠多防禦方法，中國自然也必須預備各種因應工具。而這正會增加後勤壓力，並提高進攻部隊任務的複雜度。

第4點，城鎮戰遠遠比俄軍想的慘烈。雖然我們早就知道城鎮戰很慘，也沒想到烏軍可以發揮到如此地步。究竟是怎樣的慘況？烏克蘭人的先天優勢是熟知當地地理，

3 戰場上除了武器以外，戰術的使用也很重要，烏克蘭便設下了引誘俄國坦克入彀的戰術：https://www.telegraph.co.uk/world-news/2023/03/02/how-ukraine-used-mines-fool-russia-humiliating-defeat/

4 溫壓彈（thermobaric bomb）是油氣彈的進階版本。油氣彈的原理為兩次燃燒，第一次燃燒將易燃物向外擴散，混合空氣後引燃第二次，高溫、高壓，衝擊波具有大範圍殺傷效果。溫壓彈使用氧化劑助燃，不需要混合空氣，僅需第一次燃燒就能達成相同效果。在小範圍內引起衝擊波，高壓會引爆埋設的地雷，效果頗佳。

於城鎮戰中的機動性較高，俄軍若沒有先用砲火將小鎮化為瓦礫，除了初期的快速進軍外，幾乎沒有使用裝甲部隊攻陷城鎮的例子。

除了到處都是躲藏擁有反裝甲武器的士兵，還有每間屋子會放的詭雷，街口轉角都可能會被放冷槍而造成步兵折損。而且這對防守的烏克蘭來說，有更加清楚的優勢，那就是守軍知道哪裡已經沒人了，而俄軍並不知道前面的建築物是否有敵軍。這就讓俄軍要逐屋清理，但烏軍不需要擔心，且還可設定砲兵轟擊目標，當俄軍進入某棟建物後，隨即發動砲擊將此屋炸成廢墟，直接殲滅這小支部隊。

而且正如一般專家所料，被轟炸成瓦礫的城鎮，有無窮盡的建築材料可以當作障礙物、掩體，俄軍的裝甲部隊反而難以挺進掩護，只能透過步兵一寸寸前進，死傷極為慘重。

放到台灣來看，我們實在沒有道理放棄城鎮戰的準備，只因為民意討厭住家變成戰場，而且現實上也不允許這麼做。台灣西部海岸幾乎都水泥化，登陸灘頭往內不到一公里就是各種高樓大廈，怎麼可能拒絕想像城鎮戰的發生。

第5點，應該也是所有人預料、也沒完全預料到的狀況。傳統上進攻比防守要多兩三倍兵力，若是防禦堅固的則兵力需求更高，登陸作戰更是高到被認為可能要十倍。

但說歸說，有大規模數萬步兵的戰場，上一次是在波灣戰爭。而雙方實力落差不大，形成戰場膠著狀態的戰爭，得要更往回推到韓戰。

也就是大家理論上這樣判斷，但沒有戰例可循，無法做出修正。而俄國入侵的狀況，幾乎驗證了攻擊方要數倍兵力的說法。俄軍的進攻要能收到效果，通常都得要在區域內集中數倍兵力大舉入侵，而戰場並不大，狀況常演變成為消耗戰，分批逐次進攻的多數俄軍逐漸耗光較少的烏軍。

沒有完全預料到的，是傳統上認為坦克、砲兵、直升機，以及現代戰機、飛彈的戰力加成，可以降低攻防的兵力比。而這個兵力比，也被確認有相當大的波動，即使有較優良的武器，遇到防禦設施堅固的陣地，效能立刻打折。亦即，跟傳統戰術所想一樣，地形、防禦陣地、武器效能等，都會讓兵力比出現大幅變化。

而在這當中若有良好的訓練，加上合理的戰術使用，確實可以以寡擊眾，像是烏克蘭曾使用輕型裝甲車高速突穿薄弱的俄軍陣地，形成大包圍後迫其後撤。但這較算擊敗而非殲滅，俄軍整補後兵力仍然存在，能對戰場造成重大威脅。

中國已從戰爭教訓開始改變，同時用資訊戰讓台灣不改變

整體來說，解放軍從俄烏戰爭中獲得的概念，就是開始修法，更改徵兵條件，擴充徵兵對象，並讓已退役士兵更容易重新徵召。[5]雖然大量補充兵訓練不足、武裝落後，但數量就是優勢。俄軍在烏克蘭頓巴斯地區，以一比二甚至一比三的比例去交換，還是可以蠶食烏克蘭控制區。過去認為靠少量精銳部隊就可以擊敗敵軍，現在被發現遇到抵抗意志堅強的人民，反倒沒有效果。

就算這些動員兵戰力堪憂，但仍可以用數量交換。作為二線部隊即使戰力欠佳，執行占領區內的治安任務並保護補給，皆具有實質功能。

反之，烏克蘭則是在俄國入侵後就總動員，開戰數個月後，新增加的部隊並不會拿去進攻，而是部署在定點防守、城鎮守備上，用數量讓俄軍久攻不下。戰爭很殘酷，而傳統的方法依然有效，兵力就是兵力，我們不能陷入和平症候群，或想像科技可以解決一切，拒絕接受徵兵的可能。

而中國對台的戰術改變，最大的恐怕不是在徵兵修法，用來填補兵力缺口，而是**針對台灣的資訊作戰，開始進行徵兵無用論的敘述，並過度延伸其後果。**

誰不知道單純徵兵是沒有用的，還得要花時間訓練，投入資源整備武器。我們該想想戰爭是否已經開始，在台灣民意上出現一股反對任何增加兵力的說法，闡述的理由都是戰爭的殘酷，以及解放軍的高科技實力將會讓手無寸鐵的徵兵死傷慘重。

然而，烏克蘭的例子告訴我們，傳統戰術都沒有過時，過時的是我們人民的想法，好像還停留在固定條件，老想算CP值，有買○○○就不需要XXX，將國防生死大事看成市場買賣，去精算一個最佳戰勝數值。

5 新聞報導中國看到烏克蘭的案例後，做出修正，擴大徵兵範圍：https://def.ltn.com.tw/article/breakingnews/4287822

二十四、現代情報手段讓大型軍事行動無所遁形

自從俄烏開戰後，我們常在新聞上看到，似乎某方可能在哪裡發起行動，政論節目更是口沫橫飛地一記左鉤拳、再一記上鉤拳，網路更多這種某國要發起大家都想不透的超強操作。

基本上……都在亂猜。戰事經過一年多，不管哪一方的專家，就算欠缺資源的民間觀察家，都知道在「衛星滿天飛、間諜到處跑」的戰場，根本不存在大規模集結兵力卻不被發現的情況。

這個「大規模」是多少？一萬人？五萬人？還是十萬人？

呃，只有營級程度，不到一千人，各式裝甲車二十多輛以上。

真的很誇張，誇張到軍事觀察家都要修正的程度。因為傳統上軍事專家對現況的修正都是逐步的，所以戰前沒幾個人預想到，當全球的商用衛星都在幫忙偵照烏克蘭

戰場時，能夠提前發現多少戰術手段。或者說，有預料到，但沒想到這麼扯。

就讓我們從頭談起。

俄國於開戰前在邊境進行集結時，當然有被其他國家發現。而集結程度到什麼時候，會被認為意圖不單純？其實很早喔。因為俄軍的部署，幾乎是每隔幾天就在網路上被更新一次，所以開戰前幾個月，就已經有人注意到俄國此次不像是在演習。

等到戰前一個月，俄軍人數超過十萬，且各種裝甲車輛、火砲都運往前線，各國軍事單位、重要智庫都把焦點放到烏克蘭上，此時軍隊調動狀況幾乎是每隔幾小時就更新一次。超過演習所需的

彈藥、油料開始堆積，即使俄國有意隱藏也很難做到。甚至是醫藥物資等體積較小，屬於作戰必需的品項，其物流狀況在開戰前也被抓出。

我們幾乎可以下結論了，在現代各種情報工具下，想要瞞天過海的集結大部隊，根本不可能。三軍未動，糧草先行，就算人可以晚一點到，需要堆放的燃油彈藥可不行。有戰爭後勤經驗的各國軍官，很快就能根據部隊規模，推算出所需油彈量，進而從物資堆放數量，估計作戰持續能力，判斷是否玩真的。

談一點小知識。以國軍的M978油罐車為例，可滿載燃油兩千五百加侖，換算約九千五百公升。而我們目前國軍的主戰坦克M60，依照維基官方資料，加滿需要一千四百五十七公升的柴油，可行駛五百公里，換算下來就是每公升可以跑三四三公尺。若一台油罐車滿載，可以一次加滿六點五台。當然實際狀況會跟彈藥油料滿載的重量、行駛地形、作戰狀況，還有引擎有無大修過有關。坦克無疑是吃油怪獸，各國坦克的油耗都很高，好一點的可以到每公升四百公尺以上，差的會低到兩百公尺。

那麼我們來看一下烏克蘭的情況。俄軍發動入侵，標準營級戰鬥群有十台坦克，假設都是T80，每台坦克的油箱裝滿是一千一百公升，油耗約每公升三百公尺，一次加滿十台坦克全部的油，共需一萬一千公升，換成兩百公升的油桶，就是五十五桶。

若要把其他裝甲車輛數十台算進去，整體行動的燃油需求是以幾萬公升計算，將會有數百個油桶堆放在前線。若考慮作戰時間更長，行駛距離更遠，耗油量將會急遽上升。

衛星讓一切準備都現形

這還只是燃油而已，發動攻擊的需求還包含各式各樣彈藥，以及士兵的糧食，支撐一日作戰所需的後勤量非常大。想要準備充足的作戰能力，軍用物資就得要準備萬全，而這通通都占空間。要進行千人以上的戰鬥，堆放的各式物資在現代要不被發現，已經相當困難，何況是十萬人以上的大規模戰場。

二次大戰以前，可以進行資訊管制，也沒有衛星偵照，上空還有戰鬥機攔截，我們頂多透過物流的不尋常，與潛入間諜的回報，才能猜測敵方是否將進行戰爭。而現代戰爭已經完全不是以前那種樣子了。

開戰過了半年，雙方進入膠著狀態，烏克蘭跟俄羅斯都曾想過集結夠大兵力，一次上百輛坦克壓過去，或是成建制的殲滅整支敵軍，但為何這種一次大規模壓制的作法沒能實現，卻走到今天變成消耗戰？

這當中沒有神奇的謀略，單純只是大家都可以透過衛星照片發覺部隊的調動。小規模、營連級以下的陣地爭奪，還可能突然出現附近部隊增援強攻的狀況，要是營旅級有數十輛裝甲車在某處集結，每天的衛星照片更新，就足以讓各國分析師察覺到是否正在準備什麼攻勢。

裝甲部隊並不是車輛到位就可以打仗。要維持一定程度的進攻能量，油料、砲彈都得先堆積，此外也需要步戰協同才能制勝，那就得調集相當數量的步兵單位，這又是得準備一堆後勤物資。也就是奇襲只能出現在不做後勤準備、只打兩天的前提上，一旦沒成功突破，就會被反殺，造成重大傷亡。

這就導致雙方都不敢貿然大規模調集兵力，因為我調動你也會準備，你集結我當然也要反制，奇襲就無法在千人、百輛規模以上的戰場出現。一切回到戰略布局，像是烏克蘭接收西方裝備，大家都曉得會組織大規模攻勢，俄羅斯也知道，正在努力規畫防禦手段。

差別在於，烏克蘭的接收速度跟俄羅斯組織防禦的速度相比，誰比較快。速度快慢，回歸國家資源量、工業能力、整體後勤、動員程度，這些都不屬於戰場上的戰術手段。也就是各種宣稱即將來個大包圍、包餃子、鉗形大攻勢，多屬於想像。

俄國的情報劣勢在此。由於西方制裁之故，多數商業公司都不會幫忙俄國，俄國依靠自己跟中國協力，在戰場情報的整體獲得就慢了一截。這在調度上的影響，就反映在烏東攻勢屢遭頓挫，與對應烏克蘭反攻時的反應遲緩。最終，俄國只能回到消耗戰的路上。

對台灣的啟示是，中國還有可能發起神不知鬼不覺的大規模作戰嗎？基本上是沒有任何可能。

以美國的角度來說，只要緊盯港口運作就好。別說是艦隊集結，連幾艘主力艦移防演習，動態都常被相關網站列出。陸軍那些就更不用說，侵略台灣不能只有小米加步槍，相關設備的調動，想要瞞過全世界的耳目？不可能。

然而，我們人民有認識到情報帶來的巨大差距嗎？從媒體的討論中，依舊看到非常傳統的武器對比，跟小學生比誰的牌組攻擊力強一樣。更不用說在戰術討論時，常常陷入一種「只要〇〇突襲，台灣很難進行ＸＸ應對」，邏輯上都沒錯但搭配時間序列就說不通的論點。

對中國的啟示是，俄國事前準備許久，在外交上算成功掩人耳目。許多國家都相信只是另一場大規模演習，目的在以戰迫降，讓「政治小丑澤倫斯基嚇到不知所措」，就算會打也只是小範圍，並不會對全球造成影響。直到戰爭爆發前一個月，各國情報單位才逐漸警告政治高層，局勢快速升溫。

而中國是否可以如法炮製？透過諸多外交衝突，與台灣內部的政治對抗，加上每年增加的演習次數，來麻痺周邊國家的警覺，也讓我們覺得這次又是狼來了。概念上說得通，但俄國已經演過一次，中國應該無法複製成功。

台灣缺乏有層次的警戒討論

然而真正的問題，並不是在於中國會不會先以外交手段降低戒心，這是中國一定會做的。而是我們要假設，中國能否在完全不動員的情況下，把大型演習轉成進攻行動，這條界線究竟在哪。怎樣的情況下，台灣要把此次演習視作有侵略意圖，對於規模多大的演習要提出反制手段。之前中國刻意在接近台灣的地方試射飛彈，之後可能會改成軍機軍艦的演習區，漸漸踏入台灣的警戒線。

台灣太欠缺這種有層次的討論，民眾往往只做「有無」的判斷，而且拒絕討論複雜的國際局勢變化。上次中國軍演，某種程度上台灣的自制是為了配合國際氛圍，而中國也沒繼續加碼。但若我們國內自己就不在乎，更不去討論，中了中國資訊戰的陷阱，進而「反對台灣針對演習升高局勢」，反過來認為國軍只要開始反制演習、提高戰備層次，就是想要引發戰爭。

這種不理性的思維，若配合政治人物的示弱，就有可能讓中國發起大膽的行動。而最不需要太多討論的，完全跟民眾的意志有關。如果今天解放軍直升機特種部隊兩百人衝入台北市，攻下了行政院，台灣人就哭著說戰爭好恐怖、要投降，那對中國來說，發起突襲作戰的誘因當然是超級無敵高。倘若中國集結百萬大軍，擺明要來場超大規模侵略，台灣人的態度是城鎮戰跟你流血拚到底，有膽來試試看，那侵略當然就永遠是擺擺樣子。

現代情報手段讓軍事行動在規模上已經出現限制。因此我們當然要去思考，純軍事手段的成功率若大幅降低，中國會做什麼來提高。

而這一切顯然都不會是純軍事性質的。

二十五、解放軍無法解決的戰略困境

我們在此更具體討論上一章關於部隊調動情資的論題，以及解放軍對應的策略。美國曾經計算過，要讓一支旅級部隊（三千至五千人）運作，每日的燃油、彈藥、糧食的需求量，是「五百噸」。這還不算在特殊地形，遇到高強度作戰下的損耗，而是更接近於日常行動。

要攻打台灣，只算登陸部隊，假設最終能登陸五萬人，依照上述標準，每日最少要補給五千噸。以中國的運輸艦能量來說，確實一艘大型運輸艦就能滿足這個數字，但這前提是已經攻下港口，且完全掃除台灣長程火力威脅。這已不能稱是登陸階段，算是登陸成功後的情況，若單單只看登陸初期不足數千人的需求，每日數百噸的消耗，僅靠登陸艇、直升機、漁船，很難滿足這等運量。

台灣有軍事專家指出，解放軍內部評估，假定要動用數十萬人進行登陸作戰，包含後勤支援與登陸進攻部隊，總消耗物資量超過三千萬噸，燃油另計，將近六百萬噸。

我們把六百萬噸燃油，攤開為兩百天作戰需求，每天三萬噸，換算成五十五加侖桶約兩百公升容量去算，打個折都要十五萬桶。

這種規模已經大到不可能隱瞞，台灣卻依然有人相信，中國可以隱祕行動不引起任何人注意。俄羅斯二十萬人的三軍運作，半年前就已經被發現行動怪異，中國要正規侵台，規模將會超過俄國入侵，且主戰場在海空軍，燃油消耗更加劇烈，怎麼可能不被發現。

解放軍無法解決戰略上隱祕行動，就注定只能在外交上進行大規模操作，而這在俄國入侵烏克蘭後，引發各國警覺，今天中國已經不存在透過這種模式，好整以暇準備侵略作戰。

而只動用數千人以下的突襲呢？確實在物資上準備可以少很多，但這是在賭台灣民眾的防禦心理，以及政治的抵抗強度。不過，這將面臨另一種高風險，倘若台灣軍隊消極抵抗，卻引來他國軍隊干預，幾千人能夠讓台灣投降成為既定事實嗎？

我們若站在解放軍的角度思考，就會發現變數太多，過度一廂情願，在軍事上的風險極高。

解放軍面對戰略困境後轉換的侵略模式

所以，中國對台的侵略模式，大致上剩下三種。

第一種，克里米亞模式：透過資訊滲透作戰，讓台灣人主動宣布投降，軍隊放棄抵抗，無血開城轉移政權。

這在現在的台灣幾近不可能，克里米亞做到絕大多數人都挺俄，台灣統獨對抗下至少有一半人是反對派。

第二種，烏東模式：透過援助武器，讓頓巴斯民兵自行宣布獨立，對抗烏克蘭政府，製造讓俄國派兵的藉口。

這就不見得是完全不可能。如果統派組織開始軍事化，並取得武器，確有可能依附特定政治人物，製造暴亂來引進中國武警干預。只是這得要中央到地方全部配合，稍有差池就會是中國在台布建的情報系統被全部清掉。

第三種，恐嚇模式：飛彈不打軍事單位，武器通通拿去打電廠、水庫，全部都是民生設施，讓台灣全島處在斷水斷電中，摧毀工業讓經濟蕭條。

這種可能性，隨著台灣越來越多人堅信戰爭是一丁點都不可能成立的選項，反倒變得越來越高。

當民眾深信戰爭就是禍害，不容許戰火波及人民，甚至願意為此反政府，逼迫政府投降，那中國就有充分的動機對民眾進行無差別攻擊。

對中國來說，得到台灣是結果，過程如何並不重要。若我們民眾的抵抗意志堅強，停水停電都要跟你耗下去，那將昂貴的飛彈攻擊民用設施，就不如摧毀軍事裝備，讓武力侵略的成功機率高些。

但若民眾被一顆飛彈打到就哭著要投降，脆弱到這種程度，那當然是拚命打、往死裡打，反正台灣人看到血就要棄子認輸，為何不打？

到這邊我們就能跟謠言為何煽動民眾，接受沒有一百分就是零分的運作產生連結。而這也跟相信投降才有生路的邏輯相反，**人類歷史上的和平，從來就沒有建立在妥協上，反而是越妥協越會打**。

中國的目的是得到台灣，不是和平，想通就會發現前提不對。

而這正是台灣資訊分眾後的後遺症。接下來我們進一步討論中國如何影響台灣民意，讓可以當作對抗良方的城鎮戰變成不能觸碰的底線，以瓦解台灣人抵抗的意志。

二十六、重新思考現代建築的抗炸能力

現代建築的抗炸能力是我們很少看到討論的部分。民眾看到的都是被數千數萬發砲彈轟成廢墟的小鎮，被彈道飛彈炸毀的大樓，遍地滿布彈坑的平原，戰爭似乎就是如此無情，毫無道理。

但是，我們也發現到，烏克蘭的建築物並非一視同仁的被摧毀，木造房、低矮磚房，被砲彈擊中後很快就瓦解，鋼筋水泥建物就不是這樣。在哈爾科夫圍城戰中，有建物被上百發砲彈擊中後，仍留下半邊的景象。6

若我們放大到整座城鎮，如戰爭初期的馬里烏波爾圍城戰，俄軍使用大量火砲轟擊，全城超過九成以上的建築被毀，成為名副其實的廢墟都市。若仔細觀察我們會發現，還是有很多RC（鋼筋混凝土）建築聳立，牆壁或許處處破洞，主結構卻屹立不搖。這也是烏軍可以堅守許久的原因，俄軍即使有火砲、裝甲、人數優勢，還是得透過逐屋清理的方式占領市區。[7]

回過頭來看彈道飛彈、巡弋飛彈的攻擊。將許多照片的細節放大來看，破壞效果跟鋼筋量還真有關係，建築物是否堅固，對破壞效果影響不小。尤其是在基輔等大都市，即便飛彈擊中大樓中上層，只要房屋沒有整棟倒塌，柱子等支撐結構尚在，軍隊就可以駐守其中，形同極佳的碉堡防禦。

台灣什麼沒有，房子特多，為了抵抗地震、颱風諸多天災，我們房子的結構特別堅固。RC、SC（鋼骨結構）、SRC（鋼骨鋼筋混凝土）在這些年到處都在蓋，更有意思的是，許多堅固的海岸觀景宅還都是這些年興建的。

如果俄國的戰術彈道飛彈，沒有辦法一發摧毀整座鋼骨大樓，頂多炸出大洞，傷害不了主結構。那隨便去台灣的海岸邊看一看，現在西海岸處

---

6 從相關新聞網頁裡，可見到遭受大量砲擊的哈爾科夫，並沒有處處斷垣殘壁：https://www.dw.com/en/ukraine-russia-intensifies-assault-around-kharkiv-as-it-happened/a-62427128 ❶ https://www.newyorker.com/culture/photo-booth/the-devastation-of-kharkiv ❷

7 從衛星照片可見，被俄軍圍攻多月的馬里烏波爾，所謂的廢墟也並非片瓦不存：https://www.space.com/russia-ukraine-invasion-mariupol-damage-satellite-photos ❸

處都是高樓大廈，每一棟房子若都可能設防，光一處海灘周邊的建物，中國就算把全國飛彈都砸下去，還不能保證摧毀。

很有趣的是，現代軍艦已經沒有二戰的大型重砲，巡防艦、驅逐艦甚至都只有一門艦砲。以美軍的提康德羅加級巡洋艦與阿利．伯克級驅逐艦為例子，都只有配備五吋砲（12.7 cm）。這種艦砲的設計上有岸轟支援，但並非拿來射擊強化的鋼筋水泥碉堡，因為效果太差了。也就是說，就算解放軍把軍艦開到岸邊，對著成排的水泥叢林射擊，頂多把外層牆壁打掉，想要打垮整排大樓是不行的。

不能打城鎮戰，就是把投降底線提前送給敵人

換言之，扣除飛彈跟轟炸機的炸彈，解放軍目前沒有什麼手段可以摧毀台灣強化抗震後的鋼筋水泥大樓。除非登陸成功後，把火砲運送上岸，不然就是占領澎湖後安置重火砲。就算是被大肆吹捧的衛士長程火箭彈，彈頭威力一樣不足。

更何況台灣離開海岸，往內陸不到一兩公里，就會開始遇到各式各樣的高層樓房，舊一點的是成排的公寓大樓，新式的則是十數層以上的鋼骨大廈。像是有著紅色海灘

的桃園，往機場方向會遇到竹圍市區、海湖工業區。竹圍的建築高度都在四五層以下，海湖工業區更是處處有廠房，這代表不管是士兵或是裝甲車輛，都有地方可以掩蔽。解放軍沒有無差別轟炸能力，在無法偵察確實的情況下，登陸部隊輕易地往機場方向推進，很快就會陷入包圍之中。

以城鎮戰來說，好幾棟鋼骨大樓，躲藏幾支部隊，可以居高臨下射擊，對進攻方來說不會有比這更痛苦的狀況了。沒有重型火砲能摧毀，大樓層數多，又不曉得多少士兵駐守，每層樓梯跟轉角都可能遭遇射擊，這要怎麼打？別說台灣這種高層鋼骨大樓，俄軍就沒進攻過烏克蘭的大城市，車臣戰役在城市中損耗大量的裝甲部隊，讓俄國更是餘悸猶存。

坦克有射擊角度，稍微算一下就能明白，二十層的建築物約六十公尺，假設十層樓高三十公尺處有敵軍，便於計算就假設坦克的射擊仰角最大為三十度，距離得在五十二公尺外才能打到。如果正好在二十層樓高呢？得在一百零四公尺外。或許讀者會覺得，那遠一點射擊就好啊。是沒錯，但守軍又不笨，對坦克性能有點認識，就一定會在進入射擊死角後才開始攻擊。且高度優勢，可以讓攻頂反坦克飛彈有更好的發揮效果。

以台灣的狀況來說，初期解放軍登陸的坦克不會多，輕裝部隊要仰攻高處的守軍，又是形同碉堡的鋼筋水泥建物……不要開玩笑了，正常腦袋的軍官都不會想要進攻這種地方。就算要用人海優勢去逐屋攻占，那也是等到攻下港口，可以讓中國大舉送上入侵部隊後的事情。

我們該好好想想，既然台灣有這麼大的建築防禦優勢，為何要輕易放棄？近年來又是哪些人，拚命想要告訴我們，城鎮戰是完全不能去考慮的，解放軍人人戰技超卓，而民眾的生活不能被戰爭干擾，只能在灘頭阻擋。烏克蘭的堅強意志擋下了俄軍，而台灣內部似乎有人想把投降的紅線畫在停水停電上，不可思議到讓人懷疑的地步。

二十七、解放軍可能的戰術修正手段

坦白說，依照烏克蘭戰場的狀況來考量，中國解放軍的參謀軍官應該會非常頭痛。

因為：

1. 戰術飛彈的威力有限，精準度很可能不如預期。
2. 遍地都是防空武力的情況下，奪取制空權會比原先想的更久。
3. 台灣可登陸的灘岸地點，附近可防守建築越來越多。
4. 集結大量砲兵才能將有水泥建築的都市摧毀，而解放軍初期並不具備此等手段。
5. 為了抗震設計的台灣建築物，抗炸能力會優於烏克蘭。

以傳統戰術來說，只要台灣保持抵抗意志，解放軍不可能取得勝利。要在軍事手段上取勝，僅剩下透過海空軍，盡可能的消滅台灣「攻擊」的能力，然後花非常久的時間，像剝洋蔥的方式，一層層消滅台灣陸軍的重型武器。

不然，只要台灣守軍仍然有各種裝甲、砲兵、攻擊直升機、防空飛彈等等的武裝，就算只剩下一半不到，搭配到處都是堅固的鋼筋水泥建築，登陸部隊立刻就會遇到城鎮戰。說白了就是台灣已經沒有什麼地方是解放軍登陸後不需要進行城鎮戰的，如果我們把城鎮周邊五公里的戰場都畫作城鎮戰的範圍，台灣西海岸全部都是。

簡單說，解放軍上岸就立刻進入被稱作絞肉機的戰場，進攻方得要準備更多部隊才能成功，而登陸部隊最缺人手。不管用什麼方法，中國都解決不了在高強度戰場上，快速、大量輸送部隊的困境。

而要花幾個月、一整年的時間逐步削弱台灣防守能力，相對代表中國會陷入如同俄國被國際制裁的困境。而這種武力封鎖打法，絕對不可能對台海周邊航線毫無影響，台灣也會進行反擊，開戰初期幾個月，東亞島鏈樞紐周邊就形同實質封鎖。在現代飛彈高射程的威脅下，沒有什麼商船敢通過附近。

這就是封鎖論最大的根本性謬誤。在和平時期沒人可以接受突襲封鎖，對於最不希望外國干預的中國來說，這種作法會徒增他國介入的風險。而在戰時，台海雙方都有上千枚飛彈，周圍數百公里都是戰區，哪條商船這麼敢，會選此時進入飛彈射程內。此外，這還有時間序列要考慮。依照幾十年來的國際慣例，載運民間物資的商船，通常都可以無害通過，只是要開識別，中國若要打破默契，威脅開往台灣的商船都擊沉，那台灣也可以威脅去中國的比照辦理。

開戰初期雙方都還持有大量反艦飛彈，為何只有中國能打台灣商船，台灣不可以打回去？若台海雙方都要保持國際慣例，那封鎖打一開始就不可能，任何一方想要破壞慣例，就是相互毀滅，台海周邊至少幾個月內都會處在實質封鎖狀況。別說台灣自己，東北亞的韓國、日本一定跳腳，台海以北的所有中國港口形同封港，唯一可利用的只有香港。這還不提台灣的Ｆ16加上反艦飛彈射程，是可以抵達香港的。

中國在純軍事上，沒有辦法同時解決時間跟人力的矛盾。

以資訊戰操作輿論，限縮台灣能夠防守的手段

那麼最有可能的作法，無疑是透過資訊戰，滲透台灣內部，迫使民選政府無法進

行有效的防禦工作。就軍事角度，絕對不是鼓吹投降，這太容易被看穿，散播效果就很差，更不是倡導和平，怎麼看都像是黃鼠狼給雞拜年。

解放軍會採取的手段，最可能是限縮台灣人對戰術的選擇，而這我們已經看到輿論的引導痕跡。

首先，是布雷引發的爭議。

這非常奇怪，因為戰鬥工兵本就有布雷任務，沒有買布雷車，同樣會進行地雷埋設。而火山布雷車爭議的最後，竟然出現在市區路上布雷、台灣變成地雷島的過度渲染。若只是這樣，我們不會懷疑中國是否正在進行有意識的工作，這還在合理的範圍。

而是當前已經有相當多的人，對於布雷這件事情起反感，並認為在台灣本島上布雷是「錯誤」的，甚至鼓吹不能布雷。其理由當然都是導向會殺傷無辜百姓，而資訊的分流，刻意不讓一般人理解地雷也有分很多種，守軍布雷要排除相對容易，更何況是定時銷毀型的地雷。

截斷資訊流通，刻意植入「布雷是錯誤」的印象，尤其是不讓戰鬥工兵出身的澄清流傳，其痕跡太過明顯。

其次，是城鎮戰的討論，連進入討論的層次都沒有。原本在台灣的軍武圈中，直接認定進入到城鎮戰便代表台灣戰敗的意見，在某些統派中非常盛行。還有認為台灣軍隊若沒有經歷美軍的嚴格訓練，就送入城鎮作戰，是非常不道德的事情。

這種說法已有相當市場，也稱不上是多新穎的見解，但配合資訊的引導，就讓人覺得不對勁。在城鎮戰的討論中，有一股力量是，只要探討到一丁點城鎮作戰的可能性都不行，堅持要決戰境外、灘頭決勝，沒有其他可能。

這很詭異。一般討論是針對問題本身分析，提出改善的見解，像是若士兵沒有訓練如何城鎮戰，那應該要討論我們是否要搭建訓練場，加入需要的課程，並與居民溝通，建立海岸周邊必要的避難意識，在開戰後達成良好的軍民合作。

沒有，沒有，通通沒有。目前主流意見是，只要你談到城鎮作戰，就要承認台灣已經戰敗，只能推可憐兮兮的小兵去犧牲。

為何如此？其專業見解來源就是前段所說「台灣軍隊欠缺城鎮戰訓練」，故主政者不能輕易讓敵軍上岸的論述。這種論述的前因後果理應是整套的，偏向「國軍若沒有相關訓練，就不要輕易進入城鎮戰」，而現在相當多人的看法，是把這套扭曲成「進入城鎮戰就是失敗」。

簡直莫名其妙。

引導台灣人無法接受城鎮戰，那麼解放軍只要登陸就獲勝了

先不提台灣建築密度已經高到沒什麼地方不是城鎮戰的狀況，遇到問題應該是面對、找方法解決，怎麼會是直接說投降？

因為在軍事上，如果台灣完全沒有一點點城鎮戰準備，中國可不可能更想要賭一把？例如知道國軍不會打城鎮戰，那就不計犧牲的突襲登陸，送上數千部隊，然後衝入城鎮大開殺戒，把民眾嚇到說要談判投降？

不要說不可能。若有數以百萬計的台灣民眾被洗腦到認為，打到城鎮戰就是要投降了，那自然會出現這種狀況。此時就可能出現如烏克蘭的親俄政客，站出來說和平比較好，要求烏軍不得反攻，放下武器。

換句話說，對解放軍來說，不要打城鎮戰的最好方式，就是讓台灣人相信城鎮戰就是失敗象徵。

以軍事角度而言，海岸邊有多排建築可以當作反登陸工事，為何不能加以利用？使用民用、商用建築進行防禦，算不算城鎮作戰？這裡頭有太多的項目可以討論，足

以讓我們去思考，城鎮戰也有分很多等級，怎樣的情況可以接受，如何的狀況不能。

而現在是連討論都沒有，城鎮戰的範圍漸漸被擴大成，只要有一兩棟屋子進入戰火，就可以開始算了。然後更不討論城鎮戰打法，直接否認、否定、否決一切相關討論，只要你反對，那就扣你帽子，認定你想要把戰火拖到無辜的老百姓，讓城市化作戰場廢墟。

這已經不是滑坡，根本是跳崖了。再配合台灣政治環境的極端化，越來越多人接受這種論述，台灣在國防上就越危險。

因為，國防部會考慮民意，如果民意就是對城鎮戰反感，那國軍有何理由去討論實質內涵呢？更糟的是，若由反對城鎮戰的政黨執政，豈不是會把支持的高階將軍都全部勒令退伍，這下還有幾個將軍能夠抗衡壓力？

別說國軍都不討論，事實上就是民眾厭惡討論，拒絕這種家園陷入戰場的劇本，連想像都不要，直接把責任丟給國軍。而政客常常也不負責任，配合民眾的巨嬰心態，鼓吹買某種武器就好，只要〇〇就可以ＸＸ，一切沒煩惱。

扣除掉這兩點較偏向軍事戰術的限制，也逐漸有類似的痕跡出現在其他軍事討論上，不是完全的否定，而是**透過刻意的引導，想讓台灣民眾對國防的想像，陷入單一化，並且徹底否決有效的手段**。

請注意，是有效的手段，不是不流血、不犧牲的方法，這才是最麻煩的。對解放軍來說，台灣軍隊的防守如果沒有效，才有進攻的誘因，流血犧牲這些都是其次，重點是有效。

而我們在國防的討論上，往往除了有效，更常要求許多附加條件，形同吃藥不僅不能傷身，還要順便保健美容跟減肥。

做不到？那就批評這藥不能吃。

開放討論很重要，我們認為民眾要去思考，面對根本不在乎毀滅跟犧牲的共產黨，為何要先限制自己的國防手段。

第五部　國際情勢的變化

俄羅斯入侵烏克蘭後震驚世界，接壤烏克蘭的東歐國家相挺到底，原本風向搖擺的德國、法國，日後相繼表態，全世界除了堅持不結盟政策的印度，還有不願意表態的中國，僅剩下北韓、伊朗等原本就與西方交惡的國家，站在俄國那一方。

強如俄羅斯，發動大規模入侵都會遇到世界的抵制，我們有何理由認為，中國若對台灣進行侵略，所有國家都「絕對、必然、肯定」袖手旁觀？

俄烏交戰兩國在國際各有支持者，根本不存在周邊國家袖手旁觀的選項。曾在東歐鐵幕下的波蘭、波羅的海三國反應尤為激烈，羅馬尼亞跟保加利亞則是不吭聲，但私下對烏進行軍事援助，即使多次公開挺俄的匈牙利，在周圍親烏國家的圍繞下，僅止於口頭聲援。至於曾經開打過的喬治亞，更是冷嘲熱諷，靜待俄國衰弱的一刻。俄國也沒閒著，中國持續私下援助，伊朗直接武器交易，後來還一齊拉攏海灣產油國家，想要趁美國與沙烏地交惡的時機，形成另一個地緣政治核心。

台灣有可能在東亞節點上，如某些人的預料，當中國入侵時，周邊國家會全體裝死，默不吭聲，只因為中國太強、利益太多？烏克蘭相較台灣，並沒有牽動全球的重要物產，糧食出口影響雖大，也不至於到產生大飢荒的程度。要說地理位置，烏克蘭也沒有處在世界的關鍵節點，更不是處在主要貿易航線上。

換成台灣，幾乎所有電子產品都與我們有關，又位在全球密度最高的航道附近，有可能台灣被中國侵略，世界各國當沒看到？

事實上就是不可能。烏克蘭一陷入戰爭，糧食油品出口出現危機，馬上就牽動到世界糧價，連非洲一些國家都進入危機狀態。在全球化的現在，台灣要被世界各國拋棄，唯一的可能就是我們經貿軍事各方面，弱小到毫不重要，差不多跟南極企鵝宣布建國，人類不予理會的程度相當。

再不然，就是瞬間被換國旗，反正救援也來不及，其他國家摸摸鼻子認了。若沒到這種慘況，台灣在地緣政治、經貿利益上，就有其重要性。

從這一年的國內輿論變化，我們最為憂心的，仍然是中國對台的資訊戰。狀況沒有多大改變，反而因為烏克蘭東部親俄，讓中國更加深信，透過滲透軟化，可以提高軍事行動勝率。

資訊滲透不一定支持誰，搞得內部分裂便於侵略才是重點

然而台灣內部，經過幾次選舉，極化狀況更加嚴重。雙方對中國滲透問題直接掛

夠到政黨傾向，進而產生完全相信跟不相信的支持者，這才麻煩。

中國對台資訊戰的原則，符合共產黨滲透分化的原理，亦即「促使敵方內部分裂，便於我方後續侵略」。**分裂才是重點，站哪邊並不是；便於侵略才是目的，和平反戰口號都是欺騙。**

如果讀者對於分辨誰才是匪諜很厭煩，討厭政黨相互扣帽子的行動，那就請回歸最基本的軍事原則來判斷：**誰的行動，是在軟化台灣軍事防衛，或是掃除中國侵略障礙？**

抱持這個原則去看，至少能從行動結果，實質地分辨對台灣有害者，而不用思考動機。畢竟讀者都不是專門研究資訊戰，很少人有碰過政治作戰項目，面對共產黨這等滲透專家，我們並不建議各位採取「研究確定誰是匪諜，才起身行動」的選項。因為中國已經實際開始做軍事入侵的準備，至少是把武力進攻當成選項，而非僅只是過去文攻武嚇的恐嚇手段而已。從火山布雷車的爭議，再到反對任何城鎮作戰的討論，並用左右派各種論點，「實質弱化防務討論」，這就足以看出，中國共產黨正在採用一九四九年的策略。

一九四九年時共產黨跟國府談判，但軍事準備絕不停止，各種談判都是為了進攻而鋪陳，所有的條件都要弱化對方的防衛手段。

說白了，就是透過反戰與和平等口號的操弄，削弱守軍作戰意志，同時經由各種優惠措施，讓對方內部相信「談判前提先示好，和平條件綁撤軍」。

所有的戰略理論都會強調，想要和平必須準備戰爭，讓敵人不想侵略的最佳手段，就是準備戰爭到敵人啃不下來。**沒有先放棄軍事防衛手段，以換得談和可能的條件這種事。**

從以上這幾點反推，一般人面對資訊戰的重點就能具體化，針對國防具體事務進行有意義的討論。所有企圖讓我們放棄討論，或是把細枝末節當成拒絕討論前提者，該人皆有可能遭到資訊戰侵入。

至於動機是自願或是被影響，就結果來說並不重要。

台灣全民依舊歲月靜好毫無準備

我們有多少人知道基輔在開戰幾個月後，生活已經恢復到接近正常，除了偶爾需要躲俄國飛彈襲擊，該上課的要上課、開店做生意的照開，步調與戰前差異不大。真的差別在於物資缺乏。戰爭會消耗大量物資，運輸也在軍事威脅下趨緩，導致基輔的民生物資短少，但也不至於到缺水缺糧缺電，民眾生活回到中世紀。

媒體幾乎沒說，政論節目也都避談，民眾生活平淡沒有談論價值，要戰場流血衝突才有收視率。

對我們台灣的啟示，應該是要重新評估戰爭準備量，不僅僅是軍事需求，而是全部民生準備都要考慮進去。由於中國除了丟核彈外，不具備毀滅全島的能力，若能做出適當的分散化管理，各種民生需求用的原物料，或是堆放民生輕工業產品的倉庫，不會被當首選目標狂炸的。

如何維持開戰後的基本生活運作，對於維繫民眾度過戰爭，具有相當大的幫助。從這邊來思考，怎樣建立國內產業供給，避免全部進口的危險，或許是我們未來要討論的項目。

當然在全球化的今天，全部自產不切實際，所以這問題會變成如何準備夠多的物資，軍用民生皆要考慮。這些能否轉變成新興產業，提供民眾自主性的運作，會變成另一個課題。

我們的意思是，應該要開始討論，而不是拒絕承認討論的必要。不管是認為開打一天就投降所以不用談，或是三天就會贏故不需要去想，心態都不健康。

況且，俄烏戰爭兩年來，關心的人變多，實際狀況並沒多大改變，台灣人依然歲月靜好、毫無動靜。可我們真的應該好好思考，如果中國採取哪些軍事手段，國軍就應該進行怎樣的反制。

過去這些討論在輿論上都不存在，好比說東沙被攻擊，我們的反應應該如何？政治上怎麼做、外交上如何處理、軍事上的反應強度，可以說完全沒有。連討論都不想討論，更別說是進入內容細節。

美國日本等相關國家都在進行這類討論，像是台灣外島遭到攻擊，應該怎樣反應，占領了如何？沒打下又如何？反倒是我們當事者老神在在，或是抱持著一毛錢都不能少、大家都要支援我的無賴心態面對。

人民要學會負責，就該從進行討論開始，而不是投完票就讓政客隨便，等到結果出來跟自己想的不一樣，才開始緊張兮兮。在新形態的演習封鎖論中能看出，基於恐懼與無知，空想出一種可能性，在可能性上繼續想像其他可能性，堆砌出一整套自成邏輯的說法。

封鎖作戰的可能性，在烏克蘭被入侵後，確實有提高一些些。這不是說在軍事上中國研判具有可行性，而是完全相反。是認清到正規作戰成功率極低，所以要另尋他法。封鎖就是一種很微妙的狀態，假使沒有軍事干預，但透過不停演習，實際上提高了運費，讓台灣物價上升，這算不算另類封鎖？反正結果差不多。

這就是近年出現的灰色地帶手段，其他國家已經開始注意到，並列作研究事項，且開始認清，不能放任灰色手段進行下去。但由於中國是擺明不把灰色手段當正規，且通通推給民間自主行動，強迫他國升高對抗態勢，再推責任給其他人。

這其實也是共產黨的老方法，只是世界遺忘政治作戰很久了。對我們的啟示，就是應該**認真的構想各種應對手段，提供政治人物回應的底氣**，而不是什麼都不想、什麼都不承諾，這樣不管成敗，都可以責怪是政客無能，跟自己無關。然後輕易相信，演習是可以隨時隨地，想演就演，被亂畫進去演習的國家還不能吭聲的。

接下來，我們將先透過回顧，了解各國整體戰略的變化，在俄烏戰爭後，中國加速對台威脅下，起了多少變化。

二十八、美國的戰略格局

毫無疑問在俄國入侵烏克蘭後，讓美國國策做了天翻地覆的變化，但為何在台灣內部，疑美論依舊盛行，沒有減低的趨勢？我們若從台灣媒體傳播面觀察，不難看出媒體喜歡衝突，最喜歡報導戰爭流血。其次是各種武器裝備，幾億美元的援助，這都夠做好幾集節目，滿足觀眾對現代武器的認識。

再者，政府官員講話，外交話語很少直來直往，多要保留迴旋空間，即使兩國斷交，私下溝通仍不會斷。而這就是媒體愛炒作的特點，美國說了兩句談判可以繼續，政論節目做一整晚美國態度轉向，隔天又說送了一套武器，連續三天大罵兩面手法。

觀眾遂陷入其中，被新聞媒體與政論節目的話術帶著走，最後深信美國是一個搖擺不定、有極深陰謀想要圖謀利益的國家。在這種觀點之下，對台灣的友善是陰謀，嚴厲是陽謀，全都可以往陰險詭譎方向去想。泡在當中的民眾，看故事說故事，繞在想像情節中跳不出，整天疑神疑鬼。

在此要跳脫政論節目的口水炒作，實際來分析國際戰略情勢變化。美國是當今世界霸權，先討論美國的戰略，再去看其他國家方有意義，故我們需要談談，美國的戰略布局到底是什麼。

冷戰後的國際安全主軸

冷戰期間世界深陷核子大戰危機，所有戰略核心都圍繞在核武上，蘇聯解體後威脅不再，開始轉變為防堵流氓國家取得大規模毀滅武器。其用意簡單明瞭，美國不允許對其本土有直接威脅的力量存在，要不就是控制在自己手上，再不就是是由信任的盟友掌握。

即使俄國國力不斷衰弱，中國顯著提升，美國依舊不把中國當主要敵人，是因為俄羅斯掌握著足夠威脅美國的核武實力。這個實力不是中國現在可以追上的，而是建立在冷戰遺產。至今俄國仍有諸多方式，能夠將核武大量投射到美國本土，這是俄國唯一可以跟美國叫板對陣的本錢，也促使美國發展ＴＭＤ（戰區飛彈防禦系統），讓俄國跳腳這是破壞戰略平衡的意圖。

當美國擁有一切可以攔截核子飛彈的手段，形同俄國核武威脅永遠消失，沒有核子威脅的俄國，還拿得出什麼籌碼？

不信可以看看烏克蘭的例子。《衛報》在二〇二二年五月十日的新聞刊出，美國情報官員非常擔心，如果俄軍戰況不利，普京將會動用戰術核武，文中對於俄國可能採取不理性手段感到極為憂心。[1]而同年九月二十一日，美國總統拜登更是表達俄國屢次核武威脅非常不負責任。[2]十月七日，ＢＢＣ報導拜登談話，他表示烏克蘭的核武威脅更勝於一九六二年的古巴危機。[3]

不僅美國，其他大國皆表達此等憂慮，處在兩難。一則若援烏過度，會不會刺激俄國孤注一擲；二則若因此退縮，豈不是讓所有獨裁

1《衛報》的報導：https://www.theguardian.com/world/2022/may/10/putin-nuclear-weapons-us-intelligence-avril-haines ❶

2《衛報》的報導：https://www.theguardian.com/us-news/2022/sep/21/joe-biden-putin-nuclear-weapons-ukraine-un-general-assembly ❷

3 英國ＢＢＣ的報導：https://www.bbc.com/news/world-us-canada-63167947 ❸

❶ ❷ ❸

者都想獲得核武，來跟西方談判？台灣媒體界對此幾乎沒有討論，只是誇張的表達核武威脅多大，某些人就趁機大談台灣的劣勢。

真正的問題在於，傳統的核武威脅是大國之間相互保證毀滅，東西方的勢力範圍，可以解讀是否處在核武保護傘下。台灣在與美國斷交後，核武保護傘就處在非常曖昧的階段，事實上是需要納入，但又不能明說。這尷尬的處境到了二〇二三年五月底，外交部部長在立院備詢時就被問到這個問題，回答非常含蓄，不做任何表態，這也符合台灣長年以來的慣例。4

有些事情，就算是有，也不能明說，而這正好就是疑美論的根源之一。美國從冷戰開始，就非常不想跟核武國家起正面衝突，除非如古巴危機般在家門口，或是西歐與蘇聯對峙的前線，不然能拖則拖，保持非常曖昧的關係。這是外交藝術的一環，台灣卻有人刻意解讀成美國態度搖擺想要從中取利。

美國的戰略利益，在經濟上就是國際貿易暢通，不允許國家海盜行為，用強大的海軍確保七海航行自由。身為最大的市場國家，也是工業力最強的國家，全球海運暢行就能帶來源源不絕的利益，不需要去訛詐小國。

台灣人很容易過度自信，覺得自己占有極大的重量，美國得要逼台灣買農產品不可。根本上來說，農工產品進口只是美國的地方選區利益，與台海周邊貿易安全相比如九牛一毛，但自由航行帶來的利益，還是要每個國家市場同步開放，並不是只針對台灣強迫開放。

以防止核子威脅最優先

經濟上容易懂，安全上難理解。美國向來將核子威脅看作最優先事務，若今天俄國沒有核武，烏克蘭早獲得全力支持反撲，不須投鼠忌器。在台灣這邊道理相同，面對擁有核武的中國，又是不理性的專制國家，美國在處理相關事務時向來小心保守。

作為底牌，台灣納入核子保護傘或是核武裝化，不會輕易翻開示人。但台灣長期作為西太平洋前線，無論經貿軍事幾乎等同準盟國，這是心照不宣的祕密，故中國才會刻意在台灣內部製造矛盾，誘導台灣民眾去掀牌，這樣責任就不在中國那邊。

---

4 關於核保護傘的報導：https://news.ltn.com.tw/news/politics/paper/1584385

而這回到前段所說，傳統核子威脅是核子強權的對立，冷戰後沒有這種狀況，威脅何來？來自流氓國家如北韓，擺明魚死網破也要用核彈。小國可以明白，那大國呢？

冷戰後站在美國對立面的核武大國僅剩下俄國與中國，俄國仍然有大量投射到美國本土的手段，而中國幾乎沒有，威脅性相對而言小非常多。中國的固定式長程彈道飛彈可以打到，但也處在美國全天候監視下，且彈頭數量不足以一次性消滅美國，玩不起相互保證毀滅，屬於另一種毒蠍戰略。

俄國則不是這樣。所以當烏克蘭進展不順，用戰術核武的威脅，就變得非常可怕。首先，烏克蘭不屬於傳統西方陣營，沒有不簽訂條約也有如台灣處在曖昧的核武保護傘默契。其次，只使用戰術核武，威力僅大於傳統彈藥數倍，對於前線具有毀滅性傷害，傷亡卻能控制在千百以內，這還能定義為對核武的恐懼嗎？

MAD（相互保證毀滅）其中一項邏輯，是指大國之間的戰爭停不下來，就會升高報復手段，直到動用核武，故彼此要冷靜，不能輕啟戰端。對小國就沒這問題了，美國要為了不是盟國的國家，賭下國運跟俄國來場核武膽小鬼遊戲？

在俄國確定不會使用核武後[5]，很明顯的歐美國家就加大援助力道，但控制在不讓烏克蘭越境攻擊俄國本土的範圍。其意義很明顯：俄烏戰爭雖然重大，仍不足以到要破壞國際秩序干預的程度，必須控制在區域戰爭的界線之內。

台灣的處境

台灣沒有特別偉大，偉大到美國願意打破現有秩序也要力挺到底。強如俄國對烏克蘭的侵略，一旦確認可以被控制住，美國就會傾向維持國際秩序，以現階段而言幾乎可以肯定，美國仍然希望中國回到可控路線上。

台灣現狀，等於一種增幅器，一方面加強中國民族主義，給予內部維穩的基礎，對外大聲的籌碼；另一方面則讓美國早一步認清，中國的體制注定會不理性，戰爭的發起不會按照劇本走。

俄國入侵烏克蘭後，更讓台灣瞬間成為全世界注意的焦點，增幅器的效能提高數倍。原因很單純，俄國在吞併克里米亞後，在軍事武器上就被禁運，先進的光電零組

5「美聯社」關於普丁表示不會對烏克蘭動用核武的報導：https://apnews.com/article/putin-europe-government-and-politics-c541449bf88999c117b033d2de08d26d

件都無法取得，只能透過第三方或是中國拿到。這大家其實也知道，只要別做得太過分，國際上對此是默認的。

但戰爭爆發後要開始選邊站，中國很明顯的表面是不選，實際上對俄國援助不斷，持續提供各種武器所需的電子零件。這才導致美國認真執行貿易戰，要斷絕中國輸血俄國的能力。

更重要的地方在於，俄國多年以來軍力排行世界第二，無人懷疑此點。烏克蘭一戰破功，從陸軍到空軍每一項皆是，美國沒有參與的第一場大型現代戰爭，竟是如此慘烈。尤其是俄製武器的性能遠遠不如官方宣傳，中國提供的光電零件效能不佳，大大超出美國原本的預估。

這遂使得美國現在走向很明顯的兩派，鷹派認為遲早要跟中國攤牌，那不如趁早處理，以免夜長夢多；鴿派則是認為中國既然看到俄軍的慘況，深知對台侵略戰爭必敗無疑，此刻正是拉上談判桌，拖中國回到過去二十多年的國際秩序裡最好的時機。

台灣在這當中沒有選擇。美國已經確定跟中國對抗的路線，差別只是直接武力對應，與嚇阻威脅拉中國重上談判桌的手段。

美國總統拜登在二〇二二年十一月表示，美國跟中國之間不會有新冷戰，也不信中國會入侵台灣，習近平將之作為對內宣傳。[6]美國智庫傳統基金會（Heritage Foundation）則在二〇二三年三月，公開表示新冷戰已來，並督促政府需要正視並加以對抗。[7]

美軍就更不用說，幾乎是照三餐宣稱準備好面對中國對西太平洋的一切威脅。不僅是宣稱，與國務院幾乎是同步執行軍事嚇阻政策。二〇二二年十一月二十日，副總統賀錦麗訪問菲律賓，要強化駐菲美軍基地[8]；二〇二三年一月，美軍要在沖繩組建「海軍陸戰隊濱海作戰團」（Marine Littoral Regiment）[9]；二月，日本打算增加飛彈數量，並在美軍基地部署中程

---

6 可參考BBC關於二〇二二年G20會議後拜習會的相關報導：https://www.bbc.com/news/world-asia-63628454 ❶

7 可參考傳統基金會的網站：https://www.heritage.org/winning-the-new-cold-war-plan-countering-china/introduction-the-new-cold-war ❷

8 可參考CNN對賀錦麗此行的報導：https://edition.cnn.com/2022/11/21/asia/philippines-south-china-sea-kamala-harris-visit-intl-hnk/index.html ❸

9 相關報導可參考：https://www.defensenews.com/pentagon/2023/01/11/japan-to-ok-new-us-marine-littoral-regiment-on-okinawa/ ❹

❶ ❷ ❸ ❹

飛彈[10]；三月出現美軍軍備庫存放在台灣的說法，並得到國防部長證實，正在談判中[11]；四月將核子潛艦部署至南韓[12]。

美軍為何如此強硬？為何國務院也一改過去壓制鷹派聲音，變成兩手各拿大棒與胡蘿蔔策略？原因就是烏克蘭透過實戰，驗證了現代戰爭中，俄國與中國的軍事潛力。光是如此，依然不足以讓美國轉變國策，關鍵點仍然出在中國身上。

中國的海軍擴張並非只是針對台灣

原先疫情造成美國兩黨對中國的反感，已經算是火上加油了，俄國入侵後，中國除沒有公開支援外，實質行動就是在協助侵略行動，增添更多不信任。在二〇二三年美中衝突又達到新的高峰，在半導體發展上，美國串聯相關國家，正式對中國展開制裁；文化上的反制包含TikTok在內的軟體，以國安理由禁止在政府單位上使用。這很接近二戰前對日本的ABCD包圍網[13]，只是目前漏洞也不少，還沒有完全斬斷對中國的科技輸出。

而台灣媒體則很想要平衡報導，找了許多美國對中國釋出的善意，想要證明長久以來的說法：美國一直在玩兩手策略。

事實上這根本不需要證明，美國自從成為霸權之後，一直都是兩手策略，以美國利益為核心。但不管怎樣，反制中國擴張已成美國兩黨共識，關鍵仍在中國確定要打破現有戰略格局，突破第一島鏈，並打算使用武力解決問題。

其理由在中國的擴軍方向。作為陸地強權，發展陸軍或是防衛性的海空軍力，並不會刺激美國，在中共江胡體制的年代，檯面上在海空發展都屬於可以接受的範圍。

台灣把自己看得太重要了。中國擴軍若是針對台灣，專為武統而來，那麼最優先事項是大舉製造正規登陸艦，務求第一波登陸作戰即能

10 日本擬購五百枚美製戰斧飛彈的新聞報導：https://www.cna.com.tw/news/aopl/202302130341.aspx ❶

11 相關新聞報導：https://news.pts.org.tw/article/626037 ❷

12 美國核子潛艦部署至南韓的相關報導：https://www.theguardian.com/world/2023/apr/26/joe-biden-yoon-suk-yeol-south-korea-north-korea ❸

13 ABCD包圍網：https://zh.wikipedia.org/zh-tw/ABCD包圍網 ❹

送上數千、數萬大軍，好徹底壓制港口機場，不計犧牲地用軍隊占領全島。而要做到此點，大量的短程彈道飛彈為絕對必要的項目，以及足夠多的對地攻擊機，才能做到「不計代價也要統一台灣」的前提。

事實上中國怎麼做的？在胡錦濤後期，紅二代就開始表達出對美國稱霸的不屑，習近平掌權後，更是毫不掩飾與美國在西太平洋一決雌雄的心態。關鍵處在於海軍的擴充，不合傳統中國人民解放軍的近岸防衛原則，也與A2／AD（反介入／區域拒止）差異過大。

若要做到近岸防衛，那麼航空母艦就沒有打造的必要，舊式的053護衛艦之後，中國建造了大量053H3護衛艦（約十艘）、056型護衛艦（約五十艘），作為替代之用合情合理。由於中國將巡防艦（frigate）與護衛艦（corvette）畫歸護衛艦，型號054護衛艦為噸位四千噸，與台灣成功級同等，可看作巡防艦，持續建造超過三十艘以上。

到此為止，均可以視作針對台灣。以進攻台灣而言，大型軍艦需求並不高，護衛登陸艦強行登陸，在不計犧牲的大前提下更為有用。中國所謂龐大的艦隊多半來自於巡防艦以下的規格，與美軍驅逐艦為主體相比，火力、防護力、續戰力差異極大，不會有人相信這種艦隊想跟美國一較長短。

關鍵在052級飛彈驅逐艦（約二十五艘），以及突破萬噸的055型飛彈驅逐艦（八艘），以規模論相當於美國的提康德羅加級巡洋艦、阿利．伯克級驅逐艦。這是真正意義上的攻擊型海軍，搭配航空母艦，其意圖不言而喻。

對美國來說，這才是真正的挑釁，擺明不是以近海防衛，更不會滿足於南海。加上中國在太平洋島國的外交攻勢，打算在所羅門群島建設海軍基地未果，其所有海上建設都與昔日大日本帝國海軍一致。且中國近年軍備發展走向，益發脫離武統台灣，中程彈道飛彈的布建，突破第一島鏈的艦隊編組，不時透露出的主動攻擊美日基地試探。

這顯示，打台灣不過是順便。

核子彈道飛彈潛艇的威脅

這看似狂妄的舉動，在美國海軍眼裡，也只能算是小挑釁，算不上大威脅。真正具有對美國絕對威脅性的力量，在核子潛艇094型（晉級），已經證實具備發射巨浪三型核彈道飛彈。其射程一萬兩千公里，這概念上相當於中國的核潛艇可以在出海後，對美國本土發射核子彈道飛彈。然而最大射程並不保險，核潛艇最佳的使用方法是開到大海，讓敵人盲目追尋，只要第一島鏈的封鎖能力尚在，中國的核子威脅就僅能摸到邊，對美國的威脅並不巨大。

這也是中國取得台灣為何對美國而言無法接受的理由。屆時蘇澳港出去就是一望無際的太平洋，中國潛艦可以長驅直入，貼近東太平洋，距離目標越近，核彈道飛彈的飛行時間就越短，美國就越難攔截，談判的籌碼大增。簡單說，中國不需要取得古巴，也能夠就近對美國進行核威懾。

以往中國海軍僅有近岸防衛能力，核潛艇出航就會被盯梢。想要穿過第一島鏈，從台灣南北溜過進入太平洋，平時還可以做做樣子，戰爭前夕美軍絕不會讓一艘核潛艦通過。貧弱的護衛艦隊群，對狙殺具威脅性核潛艇勢在必得的美軍，毫無對抗能力。

若護航艦隊是由大型驅逐艦所構成的呢？用航空母艦艦隊組成的呢？問題不在於殲滅艦隊，而是不能讓攜帶可以攻擊美國全土的核子彈道飛彈潛艇進入太平洋，只要進入就能跟美國玩核武膽小鬼遊戲。這才是美國真正害怕的事態，冷戰以來從未變更過的重點，只要這個關鍵點被突破，美國被迫接受談判，那全世界有意圖的國家都會朝這方向發展。

其他方式對美國有威脅嗎？俗稱的核武三位一體（Nuclear Triad，分別指的是：彈道飛彈、戰略轟炸機，和核潛艦）當中的陸基長程彈道飛彈，數量稀少位置固定，美軍要在空中打擊不是難事，且距離太遠，戰區飛彈防禦系統攔截成功率較高；長程轟炸機隊在美國空軍面前不值一提，也沒有足夠射程的飛彈可用；僅剩下核子彈道飛彈潛艇能讓美國忌憚。

而對中國來說，可以對美國進行實質威脅，進攻台灣而言才有意義。到此時中國只要私下表態，美軍不再直接介入台海，不然就有核武威脅之可能，中國才可以透過美國退讓，發動準備起來曠日廢時的登陸作戰。

烏克蘭的案例太清楚了，以現階段中國的實力，就算正面對撼，也不計成本的進攻台灣，登陸艦隊還沒抵達海岸恐就半數覆沒。俄國證實了飛彈洗地對現代軍隊效用不大，空軍奔襲在有大量防空系統的國家中極其危險，解放軍倘若要在同等情境發起侵略，送上台灣的少量登陸部隊，會在優勢裝甲、砲兵、空騎的圍攻下迅速被殲滅，一點希望都沒有。

唯一的可能，就是美日完全不介入的外交前提上，進行數個月以上的戰爭準備，發起數十日的飛彈與空軍攻擊，逐步削弱台灣防禦能力，直到確認反裝甲能力低落為止。

不要再相信中國海軍的實力足以威脅美國了，無論在各方面都差距極大，從無法對抗一個航母打擊群，到無法對抗兩個、三個，只不過是讓美軍變麻煩。更不要說中國的航母整體戰力連美國的三成都沒有，若加上艦載機、空中預警機、護衛艦艇、後勤補給能力，艦隊決戰甭想。

但如果目標只是放多艘核彈道飛彈潛艇進入太平洋，使用核威脅對付美國，取得私下的談判籌碼，這可以做得到，才是美國在國家安全上的軟肋。

二十九、日本的戰略格局

日本的情況可說是被中國逼出來的。他們很清楚照中國這種計畫發展下去，日本會失去海上生命線的保護，屆時若無武力對抗，只有俯首聽命的份。這與百年前甲午戰爭，日本與大清在東亞的海上決戰，爭奪的是同樣的東西。

這可從二〇二二年的大事開始談起。前首相安倍被刺殺，雖與中國無關，但安倍推動的「周邊有事」，在岸田政權下正式成為國策。舉凡開始鬆動非戰憲法，在沖繩建立更多基地，建構更多攻擊性質的飛彈，所有的目標都隱含兩個方向。

一個是當中國真的侵略台灣時，能提供協助，並分散中國可能先制攻擊日本的風險。

另一個，則是中國對台進攻，沒有干涉他國，卻對航行安全造成威脅時，日本有能力打通到南海的航道。

日本並不是因為對台灣友好才想協助，而是中國海軍不能強大，除非中國放下敵意，也不想要稱霸東亞，不然日本沒有其他路可走。對日本而言，七成的能源、礦物都要經過台灣周邊，怎麼可能台灣周邊有事，日本能無動於衷。一百年前，日本面對相同問題，選擇發展海軍獨霸東亞，今天沒有稱霸的可能，至少也要有能力抵禦中國的擴張。

有人以為，日本的飛彈防禦是針對北韓，這並不能說錯，但若只是防禦北韓，那實在沒必要做到修改非戰憲法。現狀有美日安保條約，公然對日本有敵意的北韓真要妄動，會將美國拉下水，而北韓並不具備同時摧毀美日在東亞所有軍事基地的能力。

日本加速對抗中國的野心

在二〇二二年六月於日本召開的太平洋兩棲領導人研討會（PALS），廣邀印太地區二十多國的陸戰隊將領參加，台灣以觀察員身分派人前往，中國則被排除在與會國之外。[14]這已經表達得夠清楚，參與國擔心的對象都很一致。

進入二〇二三年後，一切都加速中：

一月，英國與日本簽訂防衛協定，可以相互部署軍隊，加強兩國的軍事合作關係。[15]

一月，美國與日本改組沖繩海軍陸戰隊為濱海戰鬥團。[16]

三月，日本選擇支持烏克蘭，中國則訪問俄羅斯，雙方在國際格局上的看法差異越來越大。[17]

三月，日本加入歐美限制對中國的晶片製造行列。[18]

---

14 二〇二二年六月太平洋兩棲領導人研討會由美日合辦，首度在日本舉行：https://www.reuters.com/world/asia-pacific/japan-hosts-military-symposium-us-hopes-will-help-contain-china-2022-06-16/❶

15 英國與日本簽署防衛協定，因應對中國日益增加的擔憂：https://www.voanews.com/a/uk-japan-sign-defense-deal-amid-rising-concern-about-china/6914398.html❷

16 美國和日本透過升級海軍陸戰隊加強軍事關係，試圖嚇阻中國：https://edition.cnn.com/2023/01/11/politics/us-japan-marine-unit-china/index.html❸

17 日本首相向烏克蘭提供支持，中國習近平則支持俄羅斯：https://apnews.com/article/kishida-kyiv-xi-russia-putin-summit-575d4249f213f1ac0002344501c0239c❹

18 日本限制晶片製造設備出口，與美國對中限制措施一致：https://www.reuters.com/technology/japan-restrict-chipmaking-equipment-exports-aligning-it-with-us-china-curbs-2023-03-31/❺

❶ ❷ ❸ ❹ ❺

四月，日本在G7中公開呼籲要對抗中國在各方面的威脅。[19]
四月，日本要加緊開發長程飛彈，公開表明攻擊是最好的防禦意圖。[20]

種種新聞都顯示出日本對於中國稱霸的憂慮，而且打算建立能獨自對抗的能力。純以軍事力量對比，中國在海空軍上都是三倍於日本，但日本在質的優勢可以抵銷中國在量的差距。俄羅斯入侵烏克蘭前，軍事數據比較還很多可以吵的，戰後幾個月大家都明白，現代戰爭在空戰上沒有速戰速決這回事，日中雙方都有大量空軍跟防空武器，打下去絕難善了。

但台灣在幹嘛？直到二〇二三年六月，媒體依舊炒作日本的疑美論，反覆提醒台灣人，沖繩美軍駐紮問題難解，日人厭惡戰爭，台海衝突僅不到三成願意出兵對抗中國。而實際上呢？

厭惡中國的民調超過八成，六成以上民眾支持對中態度強硬，所謂的三成願意出動自衛隊協防台灣，這是非常高的數字。因為這是派軍隊出去打仗，不是防衛本國，沒有幾個國家民眾會支持出動軍隊幫其他人打仗，即便如此都還有三成。各位可以想想，日本若在台海戰爭中被捲入，像是中國先發制人攻擊日本的美軍基地，甚至連日本自衛隊都打，會是什麼情況。

日本對台灣最不滿處，是國安態度上的無所作為，事事保守以對，彷彿東亞出事，與台灣無關。台灣人習慣等著人家來救，深信自己地位無比重要，既希望別人無償援助，又覺得無償必定有詐，都沒想過是否要在東亞安全上出點心力。

中國崛起威脅的不是只有台灣，而台灣的態度就鄰國來看，太過悠然自在，毫無責任感可言。

19日本呼籲G7對抗中國威脅：https://www.forbes.com/sites/miltonezrati/2023/04/10/japan-wants-the-g-7-lined-up-against-china/?sh=534aa2616ac1 ❶

20日本將開發長程飛彈因應與中國的緊張局勢升級：https://edition.cnn.com/2023/04/12/asia/japan-hypersonic-missiles-intl-hnk-ml/index.html ❷

❶

❷

三十、其他周邊國家的戰略格局

俄國入侵烏克蘭後，東亞各國在態度上出現了不少轉折，其中最大的理由，就是俄國出師不利。透過無情的實戰驗證，各國都認清了事實，現代戰爭是系統化作戰，除了美國已經能做到戰場情報即時傳送、空地緊密聯合作戰，其他國家都做不到，連俄國都不行。不僅不行，還與想像差距甚大，俄國即便有先進的戰機、數千枚飛彈、強大的裝甲部隊、訓練有素的空降精銳，在國家級的大規模作戰下，表現卻如波灣戰爭的伊拉克升級版。這三十年來美軍攻勢摧枯拉朽的印象太強烈，讓大家都以為帳面數字相同，結果也不會差到哪。

既然俄國做不到，中國也做不到，軍事威脅的效力大減，在國家安全上站隊毫無疑問，不需要再想了。

菲律賓

改變最大者，當屬菲律賓。新任總統小馬可仕改變杜特蒂時代企圖拉攏中國發展經濟，然後在軍事上保持平衡的路線。原因還是在南海問題上，中國擴張企圖並沒有因為菲律賓的降溫而停止，反倒是利用菲國的綏靖態度，幾近侵門踏戶。

二〇二三年二月，美國與菲律賓簽訂條約，取得菲律賓額外的四個軍事基地，提供一個監控中國軍力在南海和台灣周圍的活動位置。這項協議讓美國補上了從日本延伸到台灣，再往澳洲畫過去的弧線破洞。[21]不意外的，屢次侵入菲律賓領海的中國，宣稱這是一種侵略行為。同月，中國在爭議海域對菲律賓船隻照射雷射光，美國則跳出來警告將會履行保護菲律賓的協定。[22]

四月，美國確定取得的基地中，兩座可監控南海，另兩座可監視巴士

---

21 美國與菲律賓達成協議，新增基地以完成圍繞中國的弧線：https://www.bbc.com/news/world-asia-64479712 ❶

22 菲律賓海岸警衛隊指責中國用「軍用級」雷射致盲船員：https://time.com/6255012/philippines-laser-south-china-sea-tensions-escalate/ ❷

❶ ❷

海峽，並在中國軍演後舉辦美菲聯合軍演，發出非常清晰的訊號。[23]

重新讓美國回來駐軍菲律賓，基地的位置正好扼住巴士海峽，被認為可能是台海戰爭時，支援台灣用。中國當然對此極不高興，對外聲稱一切責任都在美方。但話又說回來，若中國不爭這個霸，不挑周邊國家的釁，哪來這麼多事。

澳洲

《阿共打來怎麼辦》寫作時，剛好遇到澳洲購買潛艦轉向，只是尚未成形，故沒有寫入。二〇二一年末，澳洲與美國、英國成立AUKUS三邊安全夥伴。協定當中對澳洲最重要的，為購買新潛艦與遠程打擊能力。

中國對澳洲威脅日增，並不是南海策略的問題，而是企圖突破第一島鏈掌握太平洋的態度。中國收買太平洋島國，尤其是索羅門群島更讓澳洲驚恐。二次大戰期間，日本在澳洲北方的索羅門海域與美軍激烈戰鬥，雙方數十艘軍艦沉入海底，澳洲派遣軍隊前往新幾內亞，血戰日軍於叢林中。這可是當年日本要截斷美澳航線的激戰區，日本若成功截斷美國海上支援，下一步就是陸地入侵澳洲。

如今歷史重演，中國更擺出強大的遠洋海軍陣容，澳洲怎麼可能會不當回事。以購買潛艦來說，從法國轉向美國，柴油潛艇換成核潛艇，在軍事上的意義差距極大。澳洲從西岸出發，抵達南海海域，考慮到潛艇作戰時間，核潛艇等同能夠把中國在南海的擴張徹底扼殺，攻擊意圖大大超過柴油潛艇，這也讓中國非常惱怒。

但澳洲為何走到這步？參考日本當年在太平洋戰爭的行動，就不難發現中國正在走相同的道路。若為和平崛起，何必發展遠洋海軍，打造航母艦隊，還想在澳洲家門前建立海軍基地呢？

23中國演習後，美國和菲律賓開始有史以來最大規模的演習：https://www.bbc.com/news/world-asia-65236459

三十一、中國的戰略格局

中國的構想沒有變化，反倒因為俄烏戰爭強化了擴張決心。理由很難確認，但就現狀來說，其擔憂的意圖，跟日本在二戰時遭遇石油禁運後幾乎是一致的。

也就是中國的海空軍擴張頂點即將抵達，之後將會因為欠缺先進武器亟需的光電零件，而永遠追不上西方國家，且世代落差會讓三十年來的軍事準備全部成為廢鐵。這在俄國已然發生，烏克蘭戰場幾乎回到一、二戰情景，地雷、火砲是主角，精準武器數量不足以滿足大規模戰場需求。但無論是進攻台灣，或是面對美國可能的進犯，這些都是必要的。

其憂慮就跟波灣戰爭時，中共解放軍劉亞洲將軍所受到的震撼狀況一樣，劉亞洲覺得再不進行軍事現代化改革，將完全失去對抗美國的能力。現在的差別是習近平不讓軍方的擔憂外顯，而是以封閉的態度進行戰爭準備。或者說，中國經濟開始收縮的現狀，各種社會措施可說每一樣都朝著戰爭體制前進。

朝向戰爭體制不代表要戰爭，也可算是控制內部的一種手段，但就周邊國家來說，當然不會這樣看。

俄烏戰爭對中國最大的啟示有三個方面：

第一，傳統軍事手段別說武統台灣，現階段看來連登陸的邊都摸不上。

第二，俄國對克里米亞到烏東的鯨吞蠶食極其有效，需要加強對台灣施行。

第三，歐美對於處在灰色地帶的手段回應很慢。

第一點不用多說，俄羅斯挾著世界第二的軍事實力，在烏克蘭表現不如預期，各種現代化武器與戰術手段，遇到堅決不投降、採用老式堅守策略的烏克蘭，效果不佳。

這不是俄軍太弱，而是我們對現代戰爭的理解不夠深。美軍在第一次波灣戰爭的時候，空中攻勢花了四十二天，才將相對弱小的伊拉克防禦能力徹底軟化。俄軍發起進攻，使用了上千枚飛彈，卻沒如預期般將烏克蘭所有防空裝備摧毀，空軍打擊一樣遭受飛彈威脅，直到第一階段戰事結束，都沒有讓烏克蘭喪失反抗能力。盟軍四十二天的空中攻勢，投放的炸彈十倍於俄國入侵的規模，是我們太久沒看到中等規模以上國家的戰爭，才老以為美軍欺負小國的威勢乃常態。

中國非常清楚，俄軍飛彈洗不了地，空軍欺負不到一成實力的烏克蘭就已經辛苦萬分。那對比防禦更嚴密、空防實力更為堅強的台灣，向來遜於俄軍的解放軍豈有勝算。

第二點，俄國在克里米亞到烏東的政治攻勢，始於資訊戰、終於法律戰，透過綿密的網路謠言攻勢，讓克里米亞跟烏東的百姓深信俄國的強大與烏軍的腐敗，只要俄軍出動沒幾天，烏克蘭會被輕易擊敗。

在這種強大的媒體攻勢下，親俄派人士很快就接受，並調整心態迎接俄國統治，畢竟誰都不想要打一場必敗無疑的戰爭。而其他親烏派的民眾，則在一場場選舉內敗退，市長、州長都讓親俄派人士獲勝，接著就是俄軍跟扶植的民兵介入，舉辦公民投票脫離烏克蘭，在法律上結束任務。

這在台灣已經不是新鮮事，不然我們何必出一本《阿共打來怎麼辦》，試圖平衡謠言帶來的傷害。中國透過網路加強的諸多軍事謠言，在台灣已經深入同溫層中，不僅深信飛彈能洗地，百萬人更信台海戰爭今晚開打，明早總統府就易幟。這些人也是抵死不信烏克蘭能擊敗入侵者，即便是擊退俄軍的主力，至今仍多認為是歐美大力支援，才勉強讓烏克蘭保住一線生機。

台灣越多人相信解放軍無比強大，國軍沒有抵抗能力，其他政治性謠言就會傳得越快。人類面對無法對抗的暴力時，多半會選擇次佳的合作方案，這是理性的選擇。而在台灣到處傳播的謠言、疑美論，都起源自軍事謠言。

第三，從克里米亞開始，俄國採用了非常多灰色地帶的手段，到了烏東更是不加掩飾，正規軍換服裝就跑去幫民兵打烏克蘭政府。就算證據確鑿，俄國就是否認到底，西方國家也都拿不出辦法。

原因無他，民主國家的政策推動需要講證據，尤其跟軍隊相關的事務。不管是軍事物資的援助，還是直接出兵維和，若不能提出很明確的界線，證明必須動用軍隊，不然民眾都不會同意。

如果俄軍毫無徵兆就侵略烏克蘭，歐洲民眾會憤怒，但只是親俄民兵騷動，那一般人都會覺得軍事介入的界線很難判斷。

在南海衝突上即是如此。大家都知道中國海上民兵，其實就是軍隊的偽裝，但人家一口咬定那就是漁船，不過為了安全裝了些槍枝，恰好有些是軍用品，你能奈他何？

傳統上，邊境衝突要對等，你出一艘軍艦，我就跟一艘上去，你派兩艘我們也加。漁船越界就是警察單位驅離，沒有動用軍隊的道理，軍隊一動就是雙方開始堆籌碼。

好比說今天中國漁船越界，我方派紀德艦去逮人，任誰都會覺得太離譜。

但中國的漁船上面裝著重機槍跟機砲，堅定地說這就是漁船，不是軍艦，那我們要怎麼說？最理想的方式，就是把海巡升級，你說漁船上面裝重機槍是碰巧，那我們海巡艦艇上有大砲飛彈，不過也是剛好而已。

這就是問題。在雙方都有默契下，成不了國際大事，但若一方堅持說這就是灰色地帶手段就沒轍。好比都抓到烏東親俄民兵有俄國正規軍，俄國還是說沒這回事，烏克蘭敢升級嗎？

當然不敢，其他國家也不敢，不想冒著邊境衝突，跟俄國全面衝突，這些中國都看在眼裡。

簡單說，如果衝突規模不大，死傷人數不多，那大國會譴責，但會介入、甚至跳進去干預嗎？很難。

對台灣來說最恐怖的狀態

以中國的角度來說，假使他宣稱要打擊台灣分裂勢力，對台北市丟了二十顆飛彈，不準也沒關係，擺明要造成平民死傷，我們該怎麼辦？中國沒有任何武力犯台的準備，就只是丟飛彈而已。

過去台灣對相關問題的討論，都圍繞在正規作戰上，對灰色地帶、略超過灰色地帶手段的討論並不熱衷。當強度略超過灰色地帶的衝突，進入有死人的大事，但又沒有大到值得全面衝突，那台灣該怎麼做？周邊國家又該怎麼做？

這對台灣來說是最恐怖的狀態。

其一，死傷不慘重，中國也沒打算進一步做什麼，但台灣能不能藉此發動同等的飛彈攻擊回去？

其二，台灣受損不重的情況下，大國沒有升高衝擊的施力點，雖說必定會同聲譴責、站在台灣這邊，實際上不大會有更多動作。

其三，在國內政治與法律上，台灣若採取強力反擊，諸如修憲法等被認為法理台獨的舉動，引發中國更多「打擊分裂勢力」，那其他大國是否要跟？跟下去讓中國真的開打，值得嗎？

坦白說，若真出現這種狀況，解決之道在台灣自己。我們自己要常常討論，對各種可能的狀況進行激辯，成為一個個國內的共識，才會知道當發生怎樣的狀況，我們可以對中國採用何種反擊。

而這些反擊在台灣內部討論時，若成為執政黨攻防重點，就會被周邊國家看在眼裡，並做出表態。像是台灣如果莫名遭到中國飛彈襲擊數十枚，該不該也回敬回去？民意匯聚到某個階段，決定比照辦理丟回去，那美國可能就會跳下來介入，提供更多愛國者三型防空飛彈設備，希望台灣克制。

而今天我們的問題是完全不討論，一討論就是拚戰爭輸贏，中間爭執好像都可以一路滑坡，滑到要全面開戰或是直接投降，這是非常不健康的情況。中國飛彈洗不了地，搭配空襲警報與良好的避難演習，解放軍飛彈從升空到砸中台灣都市也要好幾分鐘，足夠讓多數人進入避難場所躲避，實際上的人命傷亡會更低。而財務上的損失，對周邊國家來說，都在花錢可以解決的範圍，至少比台灣升高衝突到戰爭要便宜。

對台灣而言更麻煩的是選邊站。中國擺出這種姿態，就是要在政治上逼台灣選擇美國或中國。選擇美國就是繼續等著不定期吃飛彈，選中國就是來簽和平協定跟一國兩制。麻煩就在，台灣人已經極化到認為，出現這種狀況，要不獨立要不統一，沒有中間的可能。

而這搭配現在台灣流行的疑美論，會延燒出更大的火花，我們甚至可以預言，疑美論越旺盛，中國越可能採取略超過灰色手段的方式攻擊台灣。

疑美論的根源就是：台灣有事，「美國一定會幫嗎？」簡稱，把所有複雜的問題都簡化成是非題。

美國一定會幫，但怎麼幫才是關鍵。

美國是大國，不會意氣用事。台灣今天被丟一枚飛彈，死了幾個人，美國譴責並提供很多組愛國者三型，協助台灣攔截不理性的中國攻擊；挨了十幾枚飛彈，死傷上百人，美國大力譴責，提供更多飛彈防禦設施，甚至願意把薩德反飛彈系統都部署在台灣。

問題是，疑美論指的幫忙比較像是，「台灣一被打，美國就得押身家來幫，不然都是假」。所以無論美國做什麼，在疑美論者的眼中，就是要提供武器讓台灣跟中國拚死活，老美在背後撿刀。

只有美軍全面幫忙台灣打爆中國才會解除疑美論者的疑慮，但這是不可能的。

灰色地帶手段可以控制，中國若評估出台灣人承受攻擊的能力，以及希望外援的界線，得出如五枚飛彈就足夠的結論。那五枚飛彈落下，台北市死了十幾人，美國可能大軍壓陣來援？顯然不可能。

我們接著就等媒體怎麼推行疑美論，多少政客跳下去指責美國沒有盡全力幫忙，只送了十組愛國者三型跟一打戰鬥機。以台灣人的心理素質，大家可以想想，屆時會有多少人轉向簽訂和平協定。

「反正美國不會幫啊。」

好問題，我們多少年沒討論過美國的援助應該長什麼樣子，不同的軍事衝突，又會得到多大的援助，對吧！

我們似乎只聽到是非題的問題，在政論節目中來回出現。

「你說啊你說啊你說啊！」

把應認真討論的國家大事，當成小說情節般應該高潮迭起。

烏克蘭可以給台灣的啟示太多了，最大的啟示應當是，**自己要先願意站起來，人家才會扶著你。**

躺平只會讓人白眼。

三十二、台灣該怎麼做

各國都是站在自己的角度去著想，但這兩年政論節目遇到其他國家的戰略構想，卻還是老樣子，用台灣或是中國的立場，去思考人家的轉變。

這其實很不健康，太容易陷入正義邪惡二分法。

我們該思考的是，許多國家都進入抗中路線，積極壓制中國擴張，避免西太平洋戰爭爆發，所以台灣暫時取得了抗中紅利。但紅利不能當永恆，我們該如何將紅利轉變為實際上的國防準備，像是建立完整的無人機產業鏈，或是逐漸開放民間槍枝訓練，積極培養防禦侵略的體制……

有太多太多項目可以討論了，而我們卻屢屢看到台灣人似乎用一種賺到的心態，想著一切都可以不變，順道賺這一波。甚至還有企業，想要趁各國制裁中國的時候，把台灣生產的產品私下倒賣中國大賺一筆。

日本當年出過大事，有廠商私下賣管制品給俄國，導致產業被美國制裁，受傷慘重，餘悸猶存。這也是台灣有些企業，得不到日本信任在台生產授權的理由。

更讓我們憂心的是，台灣人把自己看得太重要、也太不重要，處在兩個極端。這導致有人認為台灣即便被開一槍，美國就會跑來幫台灣打仗，另一些人則認為台灣被核彈來回轟十遍，世界各國依舊旁觀，而跑去哈中國的腰。

問題在於對國際安全結構不理解

台灣人真正的問題在於對國際安全結構不理解，面對有核子武器的中國，歐美日等國家都依循冷戰以來的最保守原則，盡量不要刺激到不理性的領導者。在這個結構下，區域穩定是最重要的，不是誰的拳頭大。

台灣在討論國家安全上，往往陷入非黑即白的思維，好像對抗中國得要用最糟糕的狀況去準備，於是陸軍數十年來想的就是獨自對抗中國，其他國家都不可靠，只能自立自強，此觀念深入軍官心中，至今未變。

台灣身處世界最重要的位置之一，本就不可能獨立於世界以外，台灣陸軍有獨立抵抗的準備很好，但事事都採取這種只掃門前雪的心態就很糟糕。這心態造成的危機，就是當我們站在東亞角度上思考其他國家需要什麼，台灣是否能幫助什麼的時候，我們軍方高層的膝蓋反應，就是不需要管，先管好自己再說。

最佳例證就是，陸軍想像中國發展航空母艦，就是為了在東部海域夾擊台灣。這種說法不僅在軍方有，對岸中國農場文也特別多，多到我們都懷疑，台灣軍官是不是太多人習慣看簡體資料，真心相信航母夾擊論。

中國的航母實力根本連成形都沒有，就算成軍了也沒有續戰力，除非台灣周邊國家全都放行，願意協助打台灣，不然航母開到太平洋是要幹嘛？艦載機能攜帶的彈藥不多，航程也不遠，沒有夠多預警機，補給艦也不足。料敵從寬很好，被害妄想過頭就很糟。

讓我們站在中國的角度去思考問題，狀況就會清晰很多。

開戰前要怎樣把航母開進太平洋？美日不同意，宮古海峽就不能走，現在菲律賓重啟跟美國的合作，巴士海峽也差不多等於封了。中國若要強行穿越，美國也不需要派兵攔截，光是提供台灣情報，就夠國軍將領累積戰功了。即便穿越成功，戰力剩下幾成，在台灣東部外海又不能太近，作戰效果能有多好？

站在解放軍角度，沖繩的濱海戰鬥團只要出動，就算可以從台灣東部登陸成功，這一小支部隊一樣會被美軍瞬間殲滅。

然後此話一出，馬上有人從椅子上彈起，大談美軍不可能介入也不能介入等理由。很好，我們送他去當解放軍參謀，看看人家收不收。

料敵從寬不是台灣專利，中國也會這樣想，他們哪敢設想美日全部裝死，放著解放軍從容進入大海，慢條斯理地打擊台灣東部。

台灣軍方過去就是太相信自己要獨立打贏，才會設想航母夾擊論。這當演習很好，稍做準備更好，認真去準備一切可能就是浪費資源。

必須經營周邊海域

對台灣而言最佳的安全投資，除了本國軍事防衛外，應當是對周邊海域的經營。對美國來說，台灣若能主動協助反潛事宜，就可降低美軍壓力。站在美國角度而言，台海出現衝突，美軍若不介入，也沒立場先攻擊中國潛艦，但台灣可沒這壓力。

就日本來說，加強漁業合作，增加軍事聯手的默契，讓日本相信台灣在保護生命線上不是拖累，具有一致的利益更好。

以南海周邊國家而言，台灣擁有太平島，本就有喊話的權力，再說台灣海軍也不弱，協助維持公海航行權利也是名正言順。只要放棄九段線的主張，多的是與南海周邊國家軍事合作的機會，至少聯手對付海上民兵的侵門踏戶，有何不可。除此以外各種漁業協定，以互惠互利為原則，放下原本大中國主權心態，合作空間多得是。

最大的重點，則是讓解放軍無法出門威脅。當中國潛艇出不了島鏈，台灣主動封鎖，降低中國核子威脅他國的能力，其他國家就會樂於提供台灣協助，以對抗中國的入侵。

凡事沒有捷徑，不要老以為台灣地位重要，就可以不投資國防，不重視國安。台灣人若不能明白炒短線是不能成大事的，一步一腳印地累積國防意識、增進軍事常識，才能達成備戰以止戰，用實力維持和平的道理——

那我們這本書就永遠不會過時。

第六部　如何防止戰爭

有人會問，俄烏戰爭既然在軍事上、透過戰爭打破了許多想像，我們是否能夠找到防止戰爭的方法，或是做些事前準備呢？

說來話長，原先以為勢如破竹的現代化俄軍，在積極利用城市與地形防禦的烏軍前，遭到無情打擊。對比各種中國攻台謠言的誇大不實，俄烏戰爭用實戰告訴世界，沒有做到真正的聯合作戰，沒有高素質的士兵，沒有耗費甚鉅的嚴格訓練，僅有武器裝備的現代化，缺乏軍事事務革新的思想，無法讓軍隊脫胎換骨。

這三十年來讓大家產生錯覺，以為戰爭如此簡單的原因是規模。俄烏戰爭的前線總軍力達到數十萬士兵，後備動員數量超過百萬，上一場如此龐大的戰爭要追溯到第一次波灣戰爭（一九九一年）。在這三十年間，美軍於二〇〇三年入侵伊拉克（進攻兵力一個師），反恐戰爭進入阿富汗（營級數量），動用兵力一次比一次少，雙方力量對比懸殊。

相較俄羅斯出兵車臣，嚴格說還算是內戰，較接近美軍在伊拉克的綏靖。俄軍對喬治亞的戰爭，喬治亞軍力相較弱小許多，俄軍占據所有層面的軍事優勢，並於數日內取得勝利；而俄國軍事介入敘利亞更像是另一種反恐戰爭，只有傭兵派遣與軍事顧問。

也就是說，有整整快兩代人，沒有見過數十萬大軍對抗的戰爭了。敵對雙方科技差不多的戰爭規模不大，如雙亞戰爭，亞美尼亞與亞塞拜然各自出動四到五萬與約十萬人的軍隊，多數為沒有機械化的步兵，重武器並不多，真正在前線作戰的僅有數千人。再不然就是技術差異很大，軍事量體也差很多的反恐、綏靖，像阿富汗、敘利亞皆是如此。

這導致我們對戰爭的想像，都是小而精的現代化軍隊快速高效地去欺負小朋友。流竄台灣的軍事謠言，多數均屬於此類，將解放軍代入美軍，而國軍則代入比伊拉克還糟糕的三流部隊，自然產生各種詭異的武器洗地說。

而這場影響全球物價的大型戰爭，給予了我們衝擊，然而醒覺的人並不多。大多數人關注著新武器的性能，將戰場當成先進武器的實驗室，新聞鍾愛有爆點的消息，各種低成本的陰謀論新聞充斥在烏克蘭戰場上。更具有決定性的其他因素，諸如後勤、訓練、民防，乃至於國家級的軍事準備，則因分析困難、數字龐大、沒有賣點，而被忽視了。

原因也不難理解，一談到民心怎麼維持，就得要付出犧牲——我們不怎麼喜歡聽到犧牲小我的政府措施；說到民防如何建立，勢必要以自由為代價——我們同樣不想受到一丁點限制；若要論政治上快速建立防火牆，避免親俄分子的內部破壞，相關手段在台灣絕對被貼上「〇〇恐怖」的標籤。

結論就是，台灣人並沒有為了防禦國家需要付出代價的想法，多數人依舊抱持著戰爭與己無關的態度。支持對抗中國者，不少人想的是軍隊去打就好，而反對的人，有些瘋狂到整軍備戰都是挑釁，好像台灣受到侵略，入侵者的子彈只會打要抵抗的人。

這很神奇，我們常常一廂情願的認為其他國家必定會做什麼，然後精算各種成本，台灣人好像沒有拿到最大利益，就是虧本，若其他國家有賺到，也是台灣虧錢，反正就是自己要最贏。

在此，我們希望所有閱讀本書的讀者，都能記著奧地利作家褚威格（Stefan Zweig）的話：

「生命不會免費給予任何東西，所有命運的餽贈，早已在暗中標好了價格。」

（...life never gives anything for nothing, and that a price is always exacted for what fate bestows.）

沒有不需要付出代價的準備，你以為現在賺到的好處，都將在未來以其他形式支付，無論願不願意。

三十三、防止戰爭的第一步：認識問題

從台灣人最愛的《孫子兵法》談論對戰爭問題的認識

《孫子兵法．始計篇》：

「夫未戰而廟算勝者，得算多也；未戰而廟算不勝者，得算少也。多算勝，少算不勝，而況於無算乎？」

用現代的說法，廟算就是國防政策，涉及戰爭的都要算，算得越多則勝算越大。而所謂的算，現在稱之為評估。如何正確評估，世界各國的智庫無不絞盡腦汁，想盡辦法蒐集資料，並努力確保資訊的正確性。

然而我們回頭看看台灣社會怎麼「算」戰爭的。要不就是單純看士兵數量，好像中國百萬大軍可以游泳渡海，每一樣武器都比絕對數量，思考模式如同玩遊戲，直接壓過去就好。這種算法，真能稱之為算？

算，不是只看數量，也不是看性能數字，光是結合天候地形的戰術運作，參數就多好幾樣，難度直接從四則運算變成多次方程式。而不少人卻常常用直觀的加減法去思考，還當成真理大肆傳播。就我們來看，這才是戰爭爆發的主因。

提出解決問題的方法前，要先認識問題，軍事戰略面更是如此。本書是希望簡化複雜的戰爭樣貌，便於讀者吸收，但從不願意讀者奉之為圭臬。重點在於開放心胸，增進興趣，只要有越來越多的人參與軍事討論，討論的範圍變大，層次就會豐富，加減法的討論就會變少。

如此一來，戰爭就越不可能爆發。因為大部分的戰爭，都起源自「廟算」失誤，失敗更常見於「輕敵」。

為何會算錯，多半不是不願意去算。很多成年男子談到武器會很興奮，說到如何調兵遣將的情緒都很高漲，玩起即時戰略遊戲的態度彷彿孫武復生。然而數學不會就是不會，一遇到複雜的真實戰場情境，乾脆就不算了，往往採取簡化問題成戰鬥，好像一方有勇氣就會贏，輸的都是不夠勇。

《孫子兵法．謀攻篇》：

「故知勝有五：知可以戰與不可以戰者勝，識眾寡之用者勝，上下同欲者勝，以虞待不虞者勝，將能而君不御者勝；此五者，知勝之道也。」

台灣人很愛《孫子兵法》，用到每個領域，其實就是古老的兵書解釋不多，所以自己怎麼解釋都通。理解古代的環境，若代入到當代就不難明白，其實說的都不是什麼神奇的策略，與現代管理學理論沒差很多。

首先就是，不能逞匹夫之勇。戰爭是群體之事，個人戰鬥可以勇敢，戰術戰略層次光是勇敢沒有用。取勝的標準，第一個就是「知可以戰與不可以戰者勝」，意思是「曉得能打的」，與「不曉得能打的」，兩邊開戰，是知道越多的會贏，與〈始計篇〉的廟算一致。

重點永遠在知道越多的比較會贏，但台灣人很會誤讀，把這段讀成「知道台灣很弱的，會贏那些不知道中國很強的」。

唉，《孫子兵法》的概念本就是戰爭，說白了就是「基於兩國對抗的前提下」，依此制定各種策略，教導大家怎樣準備，要投降的根本不用看，直接去跪就得了。讀兵法的意義，本就是建立在想要抵抗上，怎麼台灣總有人想著「最後的輸贏」。

讀兵法、軍書，當然都是想著要贏、防衛戰爭的大前提，建立在我們想要抵抗的心理上。知道勝算不大，研究戰略找到可以提高勝算的方法；知道很難失敗，分析規畫確保能夠降低損失的辦法。

是因為想要生存，而去找可以存活的辦法，不是想輸，才去找理由解釋為何會死。我們在這裡不厭其煩地提孫子，只是要讓大家明白，台灣太多人是用必敗的心態、投降的心理，去思考兩岸戰爭，至於為何孫子要寫兵法，根本沒讀通。不然依照春秋戰國的情況，吳國是小國，楚國是大國，以小擊大豈不是愚不可及，看什麼兵法，直接獻城投降才對吧。

要防止戰爭爆發，說那麼多，不過就是「知道得越深入，準備得越充分」。我們若對現代戰爭理解得越深，就越可以做出充足準備，立於不敗之地。

當台灣人人都用加減法看兩岸軍事，誤以為談論中國缺點就是刻意輕敵，這才叫作不會算。廟算本就是不帶情感，冷靜地確認現狀，評估出最好的作法，我們往往都被謠言耍得團團轉，說白了就是欠缺現代戰爭中最需要的「系統性思考」。

我們在談台灣的天然地理、大海與天空就那樣，總有人立刻提及解放軍的武器裝備早就可以打破現狀，根本不談軍備到底行不行。當你開始聚焦在中國的武器發展，是否有足夠的資源支撐，這批人又馬上提經濟力，好像有錢什麼都有，如何從經濟轉換成軍工的過程就略過去了。

簡稱，你談A他說B，你說B他又去談C，真要談C他又改說A。明明是他在繞圈子，卻指著你跟著他邏輯在敘述的人繞圈。

討論兩岸軍事不要失焦，最基本的法則就是，每一次的討論都專注在一個層面上，如登陸作戰的戰術，放在哪一個條件下執行，而不是只鑽研氣墊船可不可以衝上岸，然後討論全部歪到氣墊船上。因為軍事戰略屬於複雜系統，本就不可能只討論單一事物，光是探討「國軍坦克要多久時間從駐地前往灘岸」，裡頭就有裝備技術、地形地貌、維修狀況、當時的戰場情況，包含很多議題很多層次。

軍事謠言會用專業的錯覺，讓你只討論其中一項，談裝備時不談地形，談地貌時不講戰況，說到戰況又去提裝備，繞來繞去套套邏輯。我們看不出在繞的理由，是因為這種敘述很有邏輯，其實是被牽著鼻子走。

舉個例子：解放軍有沒有台灣的絕對制空權，對於台灣陸軍的防衛來說，會不會有影響？這一定會有影響，所以謠言通常直接要你承認台灣沒有制空權，並在此前提上說其他部分的事情。至於為何沒有，反正就是沒有，前面被飛彈打光了。為何飛彈可以打掉台灣的制空能力，「你專心一點，回來談坦克能不能到海邊」，然後你的注意力就被帶走了。

仔細盤點戰爭的劇本，而非只被單一項目迷惑

正確的討論法，要先設立框架，談論「情境」，也就是所謂的劇本。劇本本身合不合理可以再說，但不能不給劇本。如上段所言，解放軍有沒有絕對制空權，差異自然很大，制空權到哪種程度，都會對陸軍防衛產生影響。不先確認好一個劇本，就下去談戰術執行，絕對會亂。

不要隨著謠言擴散者的腳步，談到劇本就堅持要以他的為主，就算要以他的為主，也得要他明確地說出為何解放軍有絕對制空權，不能用一句飛彈打掉略過。讀者

接下去就會發現，所謂的飛彈打掉國軍制空權，敘述者可能連自己在講什麼都不知道，隨著你的質問細節越多，飛彈洗地成功這件事就會越來越不確定，直到完全破功。

要談架空的情境，像是解放軍已經有完全制空權，當然可以。在我們的經驗上，說這句話的人應該也不曉得這是什麼意思，他只是要用「解放軍有制空權」這句話做引，去解釋國軍坦克為何無法達成抵達灘頭的任務。

我們就正式一點來談，怎樣討論這個「國軍坦克馳援灘頭」的劇本。劇本的條件之一是所謂的「完全制空權」，這意思是中國空軍二十四小時都能夠控制台灣領域的天空，排除所有國軍空軍在空中的行動自由，並對我方陸地上的目標能夠隨意打擊。

一旦解放軍取得完全制空權，就代表台灣陸軍死定了？當然不是。我們就只談一個夜戰能力，中國對地攻擊機的夜戰能力夠嗎，這就可以討論很久。絕對制空權可不是說敵軍的防空武器都被消滅了，只是指空軍的行動自由最大化，國軍會到沒有任何防空能力的地步嗎？依照台灣軍力近年的發展，根本就不可能。

也就是說，如果中國的攻擊機夜視能力不足，就很難夜間出動，國軍最起碼也可以透過夜晚行軍，不可能達到徹底被封死的狀況。若解放軍有一定程度的攻擊機夜視力，國軍的夜間行動就會受限，蒙受一定損失。以上皆有層次，談論絕對制空權的人，能否為此做出定量？這還不提，在陸軍仍有野戰防空能力下，解放軍的夜間攻擊也會有損失。

第二個條件想定，國軍坦克需要前進灘岸，就表示面臨解放軍登陸，那麼中國的登陸部隊有多少人，具有多大戰力，國軍能否壓制，都要去算。簡單說，如果登陸部隊都是輕裝五百人，此時國軍只要有少量（個位數）坦克、裝甲車抵達前線，就能有效反攻。那麼，就算解放軍有絕對制空權，若沒能達成徹底殲滅我軍的裝甲部隊，還剩下十台衝破空中封鎖，成功抵達灘岸攔截，中國的登陸就將面臨失敗。

這才是正確的討論方式：提一個劇本，開始列條件，然後討論條件的合理性，然後才依此探討雙方能否達成作戰目標。

我們希望讀者能夠了解，多數在台灣討論軍事者，是不是都用「有無」下定論？從來沒有百分比，也不談作戰任務的成敗目標，只是很努力地要你相信，「當解放軍〇〇ＸＸ，國軍就輸定了」。

這不是玩陸軍棋，再怎麼簡單的兵棋遊戲，都有戰力指標，所有涉及軍事的討論，都應該要有層次性。

我們必須要先談論大的情境，確認某個劇本，然後才能論及細部的戰鬥狀況，不然就會出現在台灣常見的討論法：當你說到「我們採取ＡＢＣ的方法，可以有效的處理這個問題」，對方則說「反正中國有ＸＹＺ，你死定了」。

「廟算。多算勝，少算不勝，而況於無算乎？」真正的意義，在於我們都能保持評估的心態，而不是只想立刻得到結論。軍事既然是非常嚴重的事情，那為何我們每次遇到兩岸戰略的討論時，不管哪一種政治傾向者，都想要立刻找到一個結論，其他不談？

這其實也是中國長年對台灣軍事論述滲透的結果，企圖讓我們不去討論，只看結論。不同意識形態的人極化立場，大家各執一詞，認為會贏的要打，會輸的要投降。

台灣軍事圈在三十年前討論台海戰爭時，九成以上的人都是要戰的，差別在於戰到何種程度。而今天卻有將近一半的人，已經不談戰，反倒是要透過必敗無疑的結論去支持投降。

當我們有快一半的人，腦袋想的都是一開打就輸定了，換成你是解放軍，打還是不打？

防止戰爭的第一步，絕對就是認清問題，增加討論。

三十四、防止戰爭的第二步：備戰以止戰

我們在上一章討論了防止戰爭的第一步，自然是心理上要願意面對問題，直面戰爭可能，不然心態崩了，其他也跟著崩了。

第二步，才是我們常說的，備戰才能止戰。

在談備戰之前，一樣要從《孫子兵法》的概念，去理解為何要備戰。所有的備戰止戰論，都要先圍繞一個問題：「這值得投入多少資源」。

這個問題的答案，在於敵人會為了我們投入多少軍事資源。畢竟，現狀是台灣要防備中國入侵，不是中國要防台灣去解放大陸。

那麼，敵人會準備多少資源？這個問題的答案，在於「你到底有多值得」。

發動戰爭的價值

一個國家到底有多少價值，評估點在於人口、土地、資源，現代還有工業技術等方面。

台灣在人口上，有非常高的人力素質，不是比例而是數量，能夠從事高科技的人力就有百萬，這就是財富的來源。

土地，又稱地理因素，台灣的位置有多重要，這些年大家也都多少知道：扼守第一島鏈，全球過半船運要通過周邊，以及媒體常常不說的，中國的海運有七成以上也是被台灣掐著。當讀者發現，算一下中國各大港口的吞吐量，七成以上都在台灣以北，站在北京的角度，絕對不會認為台灣不重要。倘若加上軍事因素，台灣站在敵對方，還可以出動海空軍封鎖中國沿岸，那將近九成以上的海運都會被卡死。

這就是廟算中最重要的一點，你不是只有單單看自己，還要看對方。台灣人老以為地理因素只有台灣需要，反過來看看中國，就不難發現這是雙向的。

台灣的天然資源確實不多，但是工業資源加上技術，那就一點都不少。全球化後的現代產業鏈遍及全球，烏克蘭不算民生電子工業大國，一場戰爭就讓全球物價上漲。

換成化工、機械、電子，台灣擁有的工業實力並不差，我們長年去比較美日中，忘了我們在絕對標準上也是工業強國。

無論從哪一個角度來看，中國取得台灣都勢在必得，除非中國放棄稱霸，徹底服膺美國貿易秩序。這也不是不可能，習近平之前的中共總書記，除了武統外，還有其他各種可以談的方針，標準從來就不是不變。

理解這些我們才能開始去思考，中國要取得台灣所願意投入的資源，會跟台灣擁有的成正比。這意即，中國取得台灣的利益非常大，值得付出巨大犧牲，此利益遠遠大過祖國統一的民族主義情懷。

那麼，台灣還有理由幻想著以最小的軍事準備，換得最大的和平成果嗎？人家都願意砸數千億資金準備侵略，我們還在爭論那幾千萬的備戰是不是浪費？

要算帳也可以。當兩岸發生戰爭，若中國將打擊目標擴及民生工業，甚至不惜摧毀台灣的科技產業，這些損害動輒以千億計算。所以，在這基礎上，購建更多的防空飛彈，等於買數億的戰爭險，來保有價值千億的工業，不到一％的產險哪裡不划算。就算我們把飛彈部隊的所有人事費用都算進去，相較於每年科技業的產出，也可算低價保單了。

當我們擁有更多的防禦武器，中國要打破的困難度就倍增。再將前面提到的地理因素放進來，兩岸一旦兵戎相見，中國的沿海地帶至少有一半以上處在戰爭狀態，別說封鎖台灣，各國商船都會自動避開周邊航線，對中國的損失來說更大。

若無法一擊得手，台灣沒有立刻投降，戰況陷入膠著，台灣每天損失過億，中國至少十億。換作你是北京的決策者，要如何保證侵略台灣可以快速結束？唯有投入更巨大的資源做準備。

現代戰爭的攻防比高於過去，就算傳統的三比一，我們也能輕易得出台灣準備一分，中國多準備三分的結論。況且是渡海作戰，這比例將會放大到十比一以上，即使中國的經濟能量高於台灣不只十倍，也是傷筋錯骨。

所謂的備戰方能止戰，在廟算上的概念，就是讓這筆戰爭帳怎麼算都不划算。

台灣沒有逃避的餘地

問題又回到計算了，若我們凡事都只想要快速找到一個答案，精算成本到小數點，然後錙銖必較那點軍事付出，就無法理解止戰的概念在於**備戰到敵人受不了**。當我們想著都是中國必定不計犧牲不論代價，就等於是陷入思考誤區，不然回到一九四九年，美國尚未公開簽訂防禦條約，中共若發起萬帆渡海，國府軍隊當時如驚弓之鳥，毛澤東下定決心，未必不能得手。

不是說為了統一不計代價嗎？實際上連打金門都要算帳，何況打台灣，更別說三十年前，中國若要不在乎犧牲，打下金馬有何難事。

現實就是沒打，無論用何種角度解釋，中國就是止步於金馬，往後數十年都採取守勢防禦，沒有認真發展具有跨海打擊的海空軍。直到波灣戰爭讓世界震撼，解放軍加速現代化，打開了擴軍大門，一路走到今日。

歷史可以證明，數十年來台海的和平，最重要的基石就在台灣具有足夠強大的軍事實力，可以讓中國撥算盤後放棄武統，改採其他經濟、文化手段。

回到備戰止戰的議題，如何止戰要看中國的戰略意圖。從解放軍開始發展遠洋海軍後，就注定會跟美國起海洋霸權的利益衝突，這是無可迴避的事實。倘若不想要衝擊現有海洋貿易秩序，那根本不需要遠洋艦隊，近海護衛艦就足夠。就算真的意圖只有侵略台灣，需要的也不是航空母艦與大型軍艦，而是夠多的飛彈、戰機，與登陸艦。

既然中國的意圖已經放大到稱霸東亞，挑戰美國的海洋秩序格局，那麼台灣能以為放棄備戰就可讓中國停下侵略的腳步嗎？更直接的說，台灣是中國取得東亞霸主的第一步，是挑戰海洋霸權的起頭，**若我們決定放棄，將命運交給中國，那之後台灣人將會以中國人的身分，變成挑戰美國與日本的第一線，一個都跑不掉。**

備戰以止戰，就群體的角度來講是保衛國家存續，就社會的角度來說是維持現有的生活不變。這跟意識形態無關，是要不要保有現狀的意願。真想加入中國完成漢唐盛世的夢想，直接買機票過去不就結了。

防止戰爭的第二步，就是從各角度去認清，台灣其實**沒有逃避的餘地**，要嘛是備戰到中國啃不動，來保有我們現在的生活，在大國博弈之間多少保有些自主性；要嘛則是將命運交給中國，之後是生是死都會由北京決定。

三十五、防止戰爭的第三步：全民國防

寄國防於民防，全民都參與的戰爭，就不會失敗。烏克蘭的狀況很清楚，侵略者進入充滿敵意的環境，很難全身而退，更不要說是進行有效統治。

台灣在民防上其實有非常大的優勢，只是我們往往沒有意識到。這就跟第一步與第二步有關，沒有先認識戰爭的可能，也沒想去擔起戰爭的責任，只想要勝利後的收割。一個只想割稻尾的人，自然沒想過播種，也就沒有成果可言。

全民國防具體來說，就是要先明白戰爭的民眾需求是什麼。烏克蘭的例子是，維持既有生活步調，就是對戰爭的最大支持。也就是該上班的去上班，要上課的繼續上課，多了一些防空警報需要避難的措施，增加了戰爭損害時的救濟。

現代戰爭沒有想像中那麼可怕。誠然烏克蘭以陸戰為主，東部前線戰況激烈，但放在台灣可相比較的是烏克蘭的西部後方都市，俄軍沒有直接侵入，僅能以空軍、飛彈襲擊的地方。多數的城市遭遇空襲，數十發飛彈、無人機造成的損害，以百萬大城來說，相當於多處火災，比台灣的地震還要輕微。

一方面是現代飛彈以破壞為主，擊中民房的損害比較接近以大型機具拆房子，要對城市進行大範圍毀滅，需要用燒的。所以理論上而言，中國若要隔海打擊台灣的民心士氣，以殺害平民恐嚇為主，應該裝燃燒彈無差別點火，讓城市的消防能力過載。只是這會引起國際上極大的反彈，若中國不願意過多外力介入，對平民大量殺傷的手段，在外交上反倒是昏招。

這也是俄羅斯對烏克蘭的攻擊，在前線城鎮各種武器都用下去，反正軍隊躲在裡面，有足夠藉口使用燃燒彈、油氣彈、白磷彈進行毀滅。然而後方的城市則不能這樣處理，數十枚飛彈、無人機多半只能造成數棟房屋毀損，在民眾有聽到防空警報並進行避難下，死傷人數極低。

以中國的飛彈存量而言，數千枚平均攤到台灣各大城市，從北到南大小幾十個，等於每個城鎮分幾十枚不到，造成的傷害有限。戰爭若走到長期化，中國即便開足馬力生產飛彈，依照俄羅斯模式，頂多是隔週發射數十枚，針對特定一座城市集中打擊。說這麼多，只是希望大家明白現代戰爭的首波打擊都是飛彈，且要等到防守方的防空出現破洞，攻擊方的戰機才會出現於空中。以中國對台侵略的狀況而言，真有戰機在台灣上空不停盤旋丟炸彈，出現如同二次大戰的漢堡空襲、東京轟炸等場景，得要先全部殲滅台灣的空軍、海軍，以及一大半的陸軍防空車輛。

說直接點，中國的飛彈數量根本不足以支撐這個目標！

俄羅斯一年之內發射了五千發以上的飛彈，連遠比台灣弱小的烏克蘭陸軍防空力量都清不掉，更別說我們這種到處都是城鎮地形可以躲的國家。既然飛彈洗不了地，那就不可能出現二戰的美軍空中堡壘轟炸群，最多跟俄烏戰爭開打一年後相同，僵持在那邊。

此外，雙方都要保有一定的飛彈，作為後續攻勢的預備，這就變成我們在新聞上每週看到一兩次，兩邊各自發動小數量的飛彈攻擊、無人機偷襲。每次的傷害，都能透過防空警報早點疏散，獲得最大的降低。

重點是民心士氣的維持

這也是為何烏克蘭戰爭兩年後，有類似威脅的、鄰近的東歐國家考察出結果，備戰的重點都不會放在武器裝備，而是**民心士氣的維持**。烏克蘭遇到飛彈襲擊可以用愛國者攔截，無人機攻擊能用德國退役的獵豹式防空砲車處理，除了膠著的前線，後方基本恢復生活形態，而空襲多半都能攔下，對生活的影響，重心在民生物資的供應是否能保持戰前狀態。

以台灣來說，我們有非常強大的民生工業，中小型工廠數量眾多，中國若要以摧毀生產力的角度下手也打不完。要維持生活不變，則要逆向思考，若中國真採取打擊民生設施，讓人民生活水準驟降，以戰迫降，該怎麼辦？解放軍顯然會優先打擊大型目標，水廠很可能遭到破壞，電廠會受損，電網會被打壞，供水供電系統受到影響，那該怎麼處理？

分散化、小型化永遠是解答之一。發展小型發電設備，家家戶戶都有太陽能板，形成一個個區塊，讓民生用電難以被一次性毀掉，若家中備有充足的電池更好。台灣目前的大樓形態，水塔儲滿一次可以用很久，分區供水搭配定點消防車供應就足夠。若還是擔心，生產夠多的小型淨水設施，以及可以收集雨水的裝置，以社區、街道為單位提供，水的問題可說不存在。生產足夠的瓦斯罐維持生火，建立分散的儲放地，配合守備隊、民防組織調度，能有效降低衝擊。而且台灣地理位置比烏克蘭好，冬天不必依靠暖氣，若能將基礎水電瓦斯供應保持住，生活不會有太大影響。

只不過我們得認清，戰爭爆發後，生活便利性對比現況絕對會有落差。為了防止社會動盪，一定程度的宵禁是必要的，物資配給也會出現，捷運搭一半可能得下車換成走路。且無論戰況，開戰初期一兩個月內，是不會有船隻進入台海周邊，對兩岸來說都一樣。對我們來說，要預防基礎供電供氣的原物料被斷絕，就該從現在起，做好分散式的儲放準備。

戰爭若拖到三個月、半年以上，這些問題反倒不用太擔心。現代戰爭會以不要傷害平民為前提，中國最有效的斷絕台灣原物料供應的手段，是直接摧毀港口，不是船艦封鎖。軍艦封鎖的風險極大，且會遇到外國干預，以民生需求為藉口強行派船進入，反而難處理，把港口打壞就只是台灣的事。況且，戰爭若拉長到好幾個月，必定嚴重影響東亞所有國家，包括中國在內，想要此時才開始破壞民生、對平民士氣的攻擊，為時已晚，只會變成他國介入的口實。

全民國防的準備讓戰爭的不便影響變小

可以想見的，面對戰爭時，警消的負擔會很重，要如何確保民生物資的運輸不受影響，受政府控制的民防組織會很重要，以分擔警消單位的工作——無論是協調物資的運補，協助受災的區域，提供災民食住需求，乃至於治安的維持。簡單說，如果**全民準備越充足，這些不便性影響就會縮短、變小。**

烏克蘭有些城鎮的狀況很糟，倒不是缺水缺電，而是物資送不進去。大城市的民生用品堆到滿出來，送到較小鄉鎮的人力物力卻不足，因為政府軍隊要對抗俄軍，攔截飛彈、無人機，早就焦頭爛額，難有更多的人力來處理物資分配。以台灣的情況而言，就好比物資在台中不缺，但是南投很缺，可政府已經沒有能調度的車輛人員，僅能靠民間團體。

我們可以輕易地想像，維持正常生活步調，在台中已經沒問題，但南投呢？只靠善心團體自發性的購買運送，與有政府列案的民間組織可供調度，效率差異會非常大。

往更深遠一點看，如果「地震防災包」這種產品可以賣，為何不能有「戰爭準備包」？內含數日的緊急口糧，簡易的水過濾器，太陽能手機充電板，以及急救包、藥箱……等。這也是一個市場，平時足夠支持廠商存續，在戰時提供民眾源源不絕的支援。當多數家庭都有戰爭準備包，就可降低政府的工作量，使其專心在抗敵上。

做得越多，中國對台侵略的手段，至少在刻意攻擊民眾、破壞抗戰意志這點，基本上就沒有效果了。

我們可以做個小結。當台灣人民生活必需的物資，生產運輸高度集中，那兩枚飛彈就可以斷絕上百萬人的供應，讓數百萬人取得困難。若全民皆有國防意識，平日就做好一定程度的準備，這形同目標從少數幾個暴增到數以萬計，任憑解放軍數千枚飛彈火箭齊發，造成的影響也會變得極低。

當中國對台的遠程攻擊，摧毀足夠軍事目標好展開登陸作戰，無法達成；破壞民生基礎設施，讓人民生活困頓，無法做到；任何會計算的國家，都曉得這場戰爭不能打。

全民國防做得越徹底，中國就越不會想要發起侵略。

三十六、他山之石：在烏克蘭發生了什麼

俄軍入侵烏克蘭引發世界震撼，我們能否從中學到什麼，又有什麼可以準備的？就以全民國防的角度來說，烏克蘭沒有做到電力水力的分散化，消防救難的能力不佳，百萬大城面對威脅，處理能力不少需仰賴民間自發組織。這還是因為二〇一四年克里米亞危機後，相當多的烏克蘭人驚覺和平益發不可能，民間開始思考如何因應可能的全面戰爭。

我們也不要忘了，即便是有二〇一四年克里米亞危機，烏克蘭東部的頓內次克、盧甘斯克兩州還是在俄國支持下宣布獨立，烏克蘭境內的親俄派仍然不在少數。扣除傳統上的東西對立，東部的親俄派確實較多，西部也沒有比較少，整體而言烏克蘭的親俄派確實在下滑。

二〇一〇年的總統大選，親俄的亞努科維奇獲得四九％選票，二〇一四年克里米

亞危機爆發，總統大選由波洛申科當選，獲得五四％支持，由於俄國因素，親俄派幾無空間，波洛申科於任內推動「去共化」，可以看作一種烏克蘭民族主義，屬於去俄羅斯化的作為。到了二〇一九年選舉，進行第二輪投票後由澤倫斯基獲得七三％的支持，相較於對手現任總統波洛申科，澤倫斯基還算是對俄國比較友善的。

我們簡單敘述烏克蘭的政局變化，可以看到幾個重點。第一，烏克蘭人民非常希望快速解決貪腐問題，對抗俄羅斯的步步進逼，但往往是欲速則不達。第二，越接近俄國的烏東地區，親俄的比例就越高，地方政治人物越會抗拒對俄國強硬的政策。第三，即使比例不高，還真的有烏克蘭人歡迎俄國的入侵，甚至是甘願作為前導。

直到戰爭爆發，親俄派政治人物在烏克蘭政壇直接消失，即便算是中間派，也是瞬間變成反俄立場。但放到東西地區的差異上，就值得我們多想想了。不少地方官員是直接投靠俄國，越東邊就越有這種傾向，主動協助俄軍進行占領工作，也有棄職跑路者。

要說這跟戰爭有什麼關聯，從武器裝備是看不出，要以民心的角度出發。當一個地區的民眾越親近俄國，合作傾向自然更高，俄軍的占領行動、獲取在地補給的速度就越好，還能有效地得到烏克蘭守軍的情報。加上開戰初期勢如破竹的攻勢，也讓牆頭草迅速轉向。

然而，隨著俄軍西進，進入親俄派較少的區域，狀況就開始逆轉。反抗的人民變多，不合作的官僚增加，獲取資源供應軍隊的壓力上升，且更難以獲得烏克蘭軍隊的動向。反過來看，協助烏克蘭進行敵後破壞工作的民眾越來越多，讓俄軍補給線的守衛更困難。

在台灣有跟烏克蘭一樣的困境

放到台灣，我們幾乎可以找到一大堆能對應的組織。說到親中比例，我們還比烏克蘭戰前的親俄派高，大概只有公開願意做解放軍前導的人比較少。稍微研究下去，不難發現台灣所謂的親中派，屬於牆頭草、利益至上的比例為多，要他們糾集成眾，積極干擾政府運作，想都不用想。麻煩的地方在於，台灣即使到了今天，被評判為世界上最危險的地區之一，認為備戰就是刺激挑釁的民眾比率還在節節攀升。

難道真要出現金馬被吞併後，本島的人才會驚覺中國不跟你談？依照台灣親中派的性格，可能要到飛彈掉下來，才會放棄「備戰就是挑釁」的錯誤想像。這當然得力於中國大力滲透，語言相通不僅僅是台灣，在烏克蘭也一樣，透過媒體大量播放俄軍的無敵形象，確實讓烏克蘭有高比例的民眾，產生不要對抗俄軍的想法。

理由很簡單：面對必敗無疑的戰爭，要找其他方法解決。

正常人遇到有可能的風險，即使不大，都會直覺採取避險的處理，何況是必敗的戰爭，當然要閃啊。

這就是軍事謠言之所以需要破除的理由。台灣在軍事面上，與烏克蘭幾乎一樣，長年有俄國無敵的資訊流通，親俄派將俄軍描繪成可以與美軍分庭抗禮的勁旅，烏克蘭不過是殘兵敗將，更別說在克里米亞、烏東自治時，充斥著那些腐敗的軍隊、叛離的軍官。

橫看豎看，抵抗俄羅斯母親不過是徒勞。

而這正是俄羅斯在烏克蘭發起資訊戰目的之一，除了讓烏克蘭人自覺屬於大俄羅斯外，更重要的是去除抵抗的士氣，便於為日後的武力併吞鋪路。原因前面講過了，若你認為抵抗是必敗無疑，那會採取何種行動？當然是早點合作、積極合作，謀求「後烏克蘭時代的地位」。

台灣在相同的情境下，戰前能做的民心準備，如前文所說，第一當屬於建立正確資訊，明確消除軍事謠言，最好由軍方進行，實際操演給大家看。例如飛彈洗地謠言會成立，原因出在民眾對飛彈威力不了解，以為一枚飛彈就可以把新光三越炸翻，那花點錢蓋棟水泥建築，軍方自己拿來當飛彈試射的目標，就能用影像具體戳破。更別說萬船齊發，仍有人相信中國可以把漁船載人登陸，多到可以占滿水平線，那就實際徵召漁船到海面上編排，買一些報廢漁船改裝一下，拿武器試射不就結了？

當我們能夠正確地認知戰爭樣貌，就不會輕易相信必敗結論，反而會驚覺防禦戰爭的勝算不低。絕對會輸跟勝算不小，兩相比較之下，已經被削除的士氣很快就會恢復。許多基層士官兵的抗敵心理薄弱，說穿了就是自認砲灰，覺得解放軍人人皆為特種部隊，比較基礎錯誤。以資源論，投資在陸軍步兵上似乎不如海空軍，以士氣論，花個幾十億更新個人裝備，讓國軍弟兄覺得抗敵有望，就不是帳本可算的。

為何我們執著在士氣之上？烏克蘭的他山之石，可說士氣層面最為重要。戰爭初期確實有親俄派倒戈，整支部隊投靠。經歷過克里米亞，烏克蘭開始清除軍隊內部的親俄分子，也讓這些親俄的士官兵覺得，既然情況已經轉變，打不過那就加入。

那其他人呢？留下的若非對軍隊有信心，就是有明知會輸也要打的執念。而這些信念不出一個月，就被提升到非常高的層次，因為實戰證明，這些看來不可戰勝的俄軍，好像也就如此。俄軍前進的步伐剛停下，烏軍反攻的情緒就暴漲，拿著落後一個世代的武器，照樣打下去，也難怪開戰一年，烏克蘭取得較新的武器，就能逐漸反推回去。

三十七、民心士氣的維持

如何維持民心士氣，首重生活的恢復。當人民發覺日子恢復正常，就會具有長期抗戰的耐力。用數字化來表達就是，原本的生活水準若為一百，預期戰爭將會降低到零，結果只有六十，而隨著戰事持續，逐漸拉回八十，那似乎也沒有不能忍受。

人類的心理就是這麼微妙，降低一百無法忍受，降四十還可以撐，降二十似乎就沒差。

所以，我們有什麼可以做的？

首先，是防空警報的ＡＰＰ，烏克蘭幾乎做到每個城市都有，能夠即時發布俄軍空襲的資訊。通知被攻擊城市的居民盡速避難，指引到最近的防空避難場所，讓人命損失降到最低。

本書共同作者林秉宥議員在烏克蘭前線城鎮的感受非常強烈，一般民眾面對空襲的態度，可說是處變不驚了。從收到空襲警報，到飛彈、無人機擊中城鎮的時間，飛彈快一點是五至八分鐘，慢一點的十多分，無人機更不用說，被擊落的數量超級多，被擊中的破壞效果也不高。也就是一般民眾稍微習慣後，就發現對生活根本沒多大影響。某種程度上，會被飛彈打到的機率這麼低，民眾也接受那個萬一就是命運了。

台灣不少民眾有種錯覺，認為烏克蘭現狀缺水缺電，生活極為悲慘。實際的狀況是，這些生活條件差的城鎮，基礎設施本來就不好，所以供水供電一旦中斷，恢復時間也比較晚。但大城市的情況，比較類似台灣變電箱老舊爆炸、水管被挖斷後，區域會停水停電，持續時間在幾天內。

這是因為俄軍對烏克蘭基礎設施如電廠的攻擊，做不到全部摧毀，僅能部分損毀，烏克蘭維修人員數日內就能處理好，恢復正常。這也不難理解，寶貴的飛彈、無人機，拿去前線攻擊軍隊，對於軍方的壓力還比較大，破壞基礎設施，已經變成長期耗損資源用。

我們在烏克蘭的發現是，只要這種防空警報的獲得快速，避難指引簡潔，民眾很快就能適應。加上俄羅斯打擊能力做不到癱瘓城市消防醫護能量，所謂的戰爭損害，就跟台灣發生社區大火的情況差不了太多。

這不是輕敵，是算術。俄羅斯一次能準備打擊城鎮的飛彈、無人機數量就那麼多，攤開到所有烏克蘭需要打擊的目標不夠用，僅能集中一處。用台灣的狀況來比喻，接近於每週大約三十發上下的飛彈或無人機，對台中豐原區打擊一次，實際損害幾棟房子，街道發生火警，傷亡數人以下，就跟一般民間防災的情況一樣。

防災指引、練習，與寄軍事潛力於民

所以，台灣欠缺的是**有效整合防空警報與避難指引的程式**，以烏克蘭情況而言，平日多加訓練，開戰後的損害能降到更低。而這些我們現在都沒有，官方僅有避難場所的整理，而沒有實際演練過。

道理也不難懂，讀者有空可以在逛街的時候，觀察一下是否有些商業大樓貼著舊版的黃色防空避難標示，或是新版的指示。不只這些，新建的社區大樓，有些地下室外也有貼。顯然我們沒有演練，不然理論上這些場所在空襲來臨時，都應該要開放附近民眾可以自由進出。以住用社區大樓而言，等於開放地下停車場給外人，一般而言都是不願意，若沒有多次演習配合，讓民眾早點習慣、明白怎麼處理，難保不會有萬一戰爭爆發，空襲警報響起，緊閉大門不讓附近居民進入的狀況。

除此以外，還有許許多多可以做，也應該要開始做的。

像是**民防訓練**，是否有做好臨時召集，像是規畫召集年齡已達除役的士兵，作為社區巡守隊，協助警方維持治安，幫助政府發放必要物資，維持交通秩序。

增加夠多的**急救課程**，無論是徵召的巡守隊，或是民間登記有案自發性的組織，可以在城市遭遇攻擊時，做簡單的檢傷，對重傷者進行急救，能快速地搭建**臨時醫護所**，避免醫院遭到解放軍惡意攻擊時，還保有相當程度的醫療量能。

民防不是只有這種，**情報蒐集**也是可以做。讀者可能覺得疑惑，情蒐不是專家的事情嗎？並不是喔，大家有沒有印象，曾抓到過一些在軍事基地外行蹤詭異、偷偷拍照的新聞？中國在台的第五縱隊最大的功用並不是聚眾滋事破壞，在戰爭戒嚴期間，做這些事情太容易被軍警殲滅，他們最佳的運用是情報蒐集。也就是當作監視，提供重要的防空飛彈、機動飛彈發射車移動資訊，調查油罐車、小型油彈儲放處的位置。民眾若有基本訓練，在戰爭期間，軍警焦頭爛額時，協助觀察是否有他人奇怪的行為，諸如突然關心軍隊動向，面向重要軍事單位的房間是否有不正常的異動。寄望少數情報專家的監控，遠遠不如廣大民眾自發性的注意。烏克蘭戰場上，許多後方協助俄軍調查布防的親俄派、潛入特務，都是被民眾舉發的。

此外，**募款**與**心理諮商**也很重要。緊急募款協助受災的家庭購買必要的物資，能夠有效降低政府救災的壓力。戰爭時期會有許多傷亡，就算沒有遭遇不幸的民眾，也會有戰爭壓力徵候出現，心理諮商能盡速恢復民眾健康，於學校可以撫平學生不安，讓防災工作更順利。

最後，烏克蘭還有民間無人機零件提供商，有自己的進貨管道，軍方不需要統一採購，能夠就近購買零件進行維修。這些廠商甚至會在歐洲有自己的生產基地，將工廠設立在外，避免被俄軍打擊的風險，外國生產後直接送回國內交貨。而軍方的專業人員，有些可以**就地採購零組件**，自行製造簡易無人機，在戰場前線對俄軍進行偵蒐，還有魔改四軸無人機變成簡易投彈器的。在台灣很難走到大規模登陸城鎮作戰，在戰爭初期即便在外國有生產基地，也很難運回國內，但若有民間量能的儲備，多一些儲貨管道，增強無人機戰時的生產，至少可以讓軍方得到充分的補給，撐過沒有貿易的初期，幾個月後就能恢復進口，很快地恢復軍方戰時需求的缺口。

整體來說就是**寄軍事潛力於民**，解放軍就算傾盡全力切斷本土的軍需生產，也無能做到毀滅已經鋪遍全台的協力廠。

說這麼多，我們想讓讀者明白的是，烏克蘭經驗裡，想要維持一般生活運作，就無可避免地要讓軍事力量進入民間，是不用到軍民合一，或是水乳交融的境界，而是越能**將軍事能量融入社會**，解放軍要打擊的目標就會無限上升，軍事手段就越沒有可行性。

這就回到最初的廟算，當中國發現怎麼估算，武統台灣都是幾近不可能的，成本將會無限拉高，遠遠超過攻下台灣的利益。

那麼，戰爭就永遠不會爆發。

這就是備戰方能止戰的真正意義。

結語

這本書開始動筆在二〇二三年五月，於年底完稿，距離《阿共打來怎麼辦》於二〇二一年五月動筆，恰好是兩年。兩年的時間，世界因為俄烏戰爭永遠改變，我們原本的想法是，《阿共打來怎麼辦》出版後，將會遇到國內親中派的反撲，尤其是統派軍武圈必定大肆嘲諷。

沒想到，解決爭端的不是筆桿，而是戰爭。

幾乎所有陸軍、空軍、飛彈類的謠言，都透過實戰被破解了，加上新聞畫面直播，越來越多人與我們回饋，發覺飛彈的破壞力似乎還好，遠不如以前所想像的一兩枚飛彈就能炸平總統府。

說來諷刺，當初我們認為會遇到最大的嘲諷，應該是將《阿共打來怎麼辦》貶抑為所謂的「大內宣」，譏諷為反中過頭的宣傳大戲。但實際上沒有聽到這些，聽最多的比較像是放狠話：

「你等著看，俄軍很快就會掃平烏克蘭。」

「你等著看烏克蘭怎樣經濟崩潰。」

「你等著……」

實在可悲也可嘆，台灣所有的親中派，原先寄望著俄羅斯以摧枯拉朽之姿將烏克蘭壓在地上摩擦，從而嘲笑台灣妄想抵抗天朝中國。結果一路看著他們巴望著俄軍勝利，從二〇二二年的無言以對，到二〇二三年轉成抱予同情，窩在自己的同溫層中，高喊著其他人都躲在西方媒體控制的同溫層，只有自己看到俄軍無敵的真相。

截至本書完稿，我們現在遇到的批評，漸漸回到沒有「料敵從寬」這件事。由於台灣的謠言散播者自己會修正資訊內容，原本俄國強大的電子作戰能力，已經被調整成中國才有更先進的光電元件生產力。花了兩年時間，在台灣的謠言散播者已經又回到傳統路線，高談中國的武器精準無比，數據絕對可靠。

這也沒什麼。多數人對軍事沒興趣，很少人追蹤這些資訊，而已經對中國抱有疑慮的人，不會輕信解放軍的官方武器數據。但台灣還有將近一半的親中派，則依舊深信解放軍的武器發展，已然趕上、超越美國。

你或許感到困惑，但這是最有效的可以散播軍事謠言的方法，尤其在目前已經有俄烏戰爭的案例下，緊抓中國武器數據絕對真實無欺，才能繼續欺騙台灣民眾。

另一個方法，則是利用台灣政治傾向分眾，資訊吸收來源也會分眾的特性，也就是我們俗稱同溫層，在這些同溫層內散布謠言。雪上加霜的是，台灣人真的對軍事沒興趣，只想知道輸贏，不想知道怎麼贏，這導致正確的資訊傳播不出去，謠言可以持續在普羅大眾裡流傳。

到今天，在我們的周邊依然可以聽到，中國的彈道飛彈可以洗地，一發打爆一棟大樓；大軍可以朝發夕至，解放軍上午搭船下午就在總統府閱兵；海軍排開可以占據水平線，戰機多到能夠遮雲蔽日。

很扯嗎？這是一般人，對軍事沒興趣的普通人，偶而接觸到一些新聞，多半從LINE私群分享、FB粉專中得到的訊息。我們若想要跟這些人解釋，已經很難溝通了。

不是專業上無法溝通，是**政治性問題**。

中國很巧妙地把軍事議題掛鉤到政治上，導致比較親中的人，習慣上迴避對中國不利的軍事消息，並且還會將之解釋成是政治對立者的宣傳。更有甚者，會認為敵對政治陣營的人，也在同溫層內聽同樣的謠言，產生一種「你也一樣啦」的膝蓋反射式心態。

這真的很不健康。計算飛彈數量與可打擊目標的機率，加上目標大小，都是數學，哪有什麼政治干擾。凡有一點產業經驗的人，皆不可能認為良率是百分之百，同理放到中國的軍武生產，豈有成本更低、性能更高、生產速度更快、品質完美無缺的事。合理的評估，應當有上下限。好比我們對台灣軍隊比較熟，那中國再怎樣也不可能優點多十倍，缺點少十倍，有個兩倍就很多了，所謂料敵從寬也應如此。在合理範圍內去評估，是要如何得出中國侵略台灣易如反掌的結論？

我們今天最欠缺的是討論，正確與有層次的討論。

如城鎮戰在烏克蘭是現實，台灣海岸幾乎都有高樓大廈也是事實，那我們難道不能討論陸軍的灘岸固守是否就需要結合城鎮作戰？不是只有討論輸贏，還要有層次：

「該怎樣加強城鎮戰訓練，需不需要設立專門的場地？」

「平時演習是否加入民事工作，與可能被侵入的灘岸周邊居民打好關係？」

「是否要修法，制定一些戰時補償，當中國有入侵可能時，可以徵用民宅作為據點，並提供住戶補貼，與全額補助的暫時移居？」

「不肯配合，是否要有罰則，輕重程度如何？」

不是只有軍事，戰略還應當包含民眾支持。我們有這類的城鎮戰相關討論嗎？一丁點都沒。僅軍事圈有，還多半只有純武器戰鬥討論。

民眾在政治上能支持政府對外強硬嗎？這些年屢次聽到，中國空軍越過海峽中線，國軍沒有多少反制。拜託，是民眾不願意反制的好嗎？國軍如果強力回擊，甚至不惜開火，台灣民眾會力挺到底，還是在不正常的政治環境下，要求懲處軍方的挑釁？

這也需要層次性的討論，認知民眾對於解放軍的侵門踏戶，到底有多少決心？

「進入領空就擊落？」

「先警告兩次再擊落？」

「越過中線就要監視，警告幾次就擊落？」

「軍艦是否比照辦理，進入領海就擊沉，還是要警告幾次？」

民眾有相關討論，就能提供政治家決策的底氣。民主國家的民意很重要，若台灣人全都很硬，施壓總統要下令越線就擊落，一點討論空間都沒。那這種強硬的民氣，將會讓總統面對國際時，有更多運作的餘地，其他國家也會了解，問題不是哪個政黨冒進，純粹是民眾很激情。

說白些，**台灣人自己很軟，才會讓其他國家覺得能欺負**。

若要對這兩年的變化下個結論，我們會說，「烏克蘭戰場沒發生的事情就別幻想了」。

人家是拿命在賭，不是網路打嘴砲，別以為俄羅斯人、烏克蘭人很笨，都不曉得戰爭怎麼打。

但若要了解戰爭的全貌，台灣人就要接受自己軍事常識不足的事實，並開始閱讀烏克蘭戰場上的各種故事。謠言專門截取片段，放大部分事實，把不同情境才能適用的戰術全部兜一起，恐嚇不明就裡的人。

軍事常識的普及是非常漫長的道路，卻意義非凡。軍事謠言的產製雖然簡單，要深入人心很難。如果我們將軍事知識的等級分成十級，那麼謠言的水準大概只有一到二，台灣民眾在威權時代不能接觸軍事，民主開放後又沒興趣，導致絕大多數的人除了當兵服役，對軍事的理解趨近於零。

也就是台灣民眾的軍事知識平均值可能介於零到一，所以水準一到二的謠言才這麼有殺傷力！

要加強每個人的軍事水準到一分，相當於小學高年級程度，並不困難。要拉到中學程度，約二到三分的程度也還好。關鍵仍然在學校教育幾乎不教，傳播媒體多數不提，網路上流傳的多是不連貫的片段，夾雜不少謠言流竄的成分。

加以政治上我們已經分眾，竟然在國防安全議題上，還出現數百萬人完全不想抵抗的奇妙狀態。這已經不是單純的無知，而是有確定的惡意在扭曲。

我們的第二本書，著重在層次感，所有的內容論述，比第一本略加複雜，原因就在於此。透過有層次感的敘述，好擺脫那蠕動的惡意。

這個惡意，可以統稱為「沒有一百分的XX我不要」。

「沒有百分之百攔截的飛彈系統是廢物！」
「民眾沒有零損失就算是失敗！」
「若沒有百分之百的勝算就不能開戰！」

軍事從來就不是是非題，而是複選題，更是申論題，當我們把軍事議題簡化成小學低年級程度的是非題，還不准別人反駁，才是今天台灣面臨到的國防困境。

台海會不會開戰，關鍵在於台灣人有沒有抗敵意志

而另一個困境，則跟軍事相對來說關聯不大，屬於政治問題，也是台灣人不大想去面對的。

俄羅斯的國力數倍於烏克蘭，烏克蘭真的能夠撐到勝利的那一天嗎？其實頗難。若沒有外國介入並軍援烏克蘭，俄羅斯的戰果會更多，但絕對做不到吞下全烏克蘭，最多抵達聶伯河，讓烏克蘭變成東西兩部。

即使獲得西方支援，烏克蘭的人力資源也是遠不及俄羅斯，後備兵力就差了好幾倍，二〇二三年的夏季攻勢，烏克蘭確實頗有斬獲，但做不到打穿俄軍防線，僅能一寸寸緩慢地打回國土。

這原因並不複雜。台灣常講的各種先進武器，好像具有神奇的魔法，可以快速掃平大軍，精準打擊關鍵設施，幾發飛彈就可以打贏戰爭。以上種種說法，沒有一個在俄烏戰爭中成立。

先進武器確實有其效用，欠缺現代光電熱軍事零件的武器，效果將大打折扣。問題在於，有效也要數量多，面對十萬以上大軍建立的防線，先進武器的數量難以造成

關鍵性突破。這就提供俄烏雙方在防守戰的巨大優勢，一旦進入壕溝、陣地、城鎮戰，進度就回到二十世紀兩次大戰。

就好像，兩次波灣戰爭，美軍摧枯拉朽的攻勢，只是在演電影。其他國家的戰爭與第二次世界大戰相比，似乎沒好到哪去。

若拿回來看台海的情況，輔以烏克蘭戰況，我們幾乎可以肯定，中國若要對台灣動武，耗盡其所有先進飛彈、戰機、軍艦，依然難以取得大軍可以登陸的立足點。而對台灣的破壞，在軍事上來說效果會很差。開打後半年，台海雙方都可能用掉一半以上的飛彈，僅持在無形的大海與空中。

解放軍非常清楚此點，所以他們對台海戰爭沒有幻想，有幻想的是台灣的親中派，總把中國當美國、解放軍當美軍比較，甚至超英趕美的發想，認為解放軍已經具備擊敗美軍的實力。

問題總是在政治。對俄羅斯來說，這場戰爭的低標是打通克里米亞陸橋，其次讓烏克蘭喪失海岸線，擴張烏東的俄國控制區。對烏克蘭而言，能取回戰前的領土控制是低標，高標是取回克里米亞半島。

很明顯，兩國有目標上的巨大衝突，必須要有一方放棄。而目前看來，由於雙方的戰爭潛力逐漸耗盡，都很難再壓榨國內支援更大規模的進攻。也就是軍事上的戰況更接近一次大戰的壕溝僵持，但政治上誰先崩潰，國內先支撐不住，則很難說。

俄羅斯很可能在一場軍事失敗後，權力震盪產生新的領導集團，開始改變對烏克蘭的長期戰略。烏克蘭也可能在耗盡後備兵力後，主戰派失勢，放棄克里米亞的目標，轉而尋求他國支持的和談。

誰能決定政治上的結果？人民。

對台灣來說這是警訊也是轉機。由於台灣人普遍缺乏軍事常識，對戰爭沒有概念，新聞的片段印象占據多數，造成台灣民眾很愛用武器特例做過度的延伸解釋，忽略戰爭最大的決定因素一直都在後勤。

一場台海戰爭打一年、半年、七天，不同時間所需要儲備的資源量，差異是等比級數的變化。對中國來說，若不能快速取勝，戰爭的風險就會直線上升。從烏克蘭的例子可以看出，幻想現代戰爭就是依靠少數先進武器，就能擊潰一個擁有「抵抗意志」的國家，完全是做夢。

這就是轉機。只要台灣的抵抗意志存在，中國在軍事上就拿台灣沒輒。只要軍事上的勝算不高，後勤準備量太巨大，戰爭就是不划算，於是戰爭就不會發生。

這也是警訊。若台灣人抵抗意志薄弱，中國發現只消一點點的軍事投入，就可以嚇到台灣民眾進行談判，簽訂非常有利中國的和平協議，甚至是投降，那戰爭就會隨時發生，畢竟風險極低。

這就是戰爭的弔詭，**你準備越多就越用不上，敵人就越不想開戰。你越想精打細算，不去做最佳的準備，甚至寄望和平於敵人的善意，那敵人就越想打。**

這跟你願不願意花錢消災無關。土匪的邏輯很簡單，你死了一切都歸他。既然如此，能誆騙你放下武器換取和平，土匪要下手的風險就低了。

俄烏戰爭最後的勝負在人民意志，台海會不會開戰，關鍵在於台灣人有沒有抗敵意志，畢竟中國是專制國家，人民沒有選擇權。

國家圖書館出版品預行編目 (CIP) 資料

再談阿共打來怎麼辦 : 從烏克蘭戰場看台海局勢 / 王立 , 林秉宥
著 . -- 初版 . -- 臺北市 : 大塊文化出版股份有限公司 , 2024.03
面； 公分 . --（from ; 152）
ISBN 978-626-7388-41-9 (平裝)

1.CST: 兩岸關係 2.CST: 軍事 3.CST: 俄烏戰爭

573.09 113000287

LOCUS

LOCUS